一步迈入
名企大门

唐仓健◎著

广东旅游出版社
GUANGDONG TRAVEL & TOURISM PRESS
悦读书 · 悦旅行 · 悦享人生
中国 · 广州

图书在版编目（CIP）数据

一步迈入名企大门 ／ 唐仓健著. —广州：广东旅游出版社，2014.11
ISBN 978-7-80766-957-9

Ⅰ．①—… Ⅱ．①唐… Ⅲ．①职业选择－通俗读物 Ⅳ．① C913.2-49

中国版本图书馆CIP数据核字（2014）第219848号

广东旅游出版社出版发行

（广州市天河区五山路483号华南农业大学公共管理学院14号楼3楼　邮编 510640）

邮购电话：020-87348243

广东旅游出版社图书网

www.tourpress.cn

北京嘉业印刷厂印刷

（北京市大兴区黄村镇李村）

787毫米×1092毫米　　16开　　12印张　　155千字

2014年11月第1版第1次印刷

定价：28.00元

目 录

● 前 言　站在起跑线上　　/001

第一章　破译就业市场密码
——成功就业始于知彼知己

>> 就业市场密码

就业难　/002

就业单位　/003

就业人数　/003

"独木桥"　/004

潜规则　/004

>> 就业市场解码

借双慧眼看清现状　/008

清空你的杯子　/010

无缝对接　/011

以思路换出路　/013

架设就业的"立交桥"　/015

先剩下，再胜出　/018

第二章 **破译就业策划密码**
——先策划，后就业

>> 就业策划密码

就业策划 /028

SWOT分析 /028

明确目标 /029

就业定位 /030

计划蓝图 /031

>> 就业策划解码

先策划，后就业 /032

新手如何做就业策划 /036

SWOT分析——如何认识你自己 /037

自用之才去创业，他用之才去就业 /050

大学生其实是待驯的"野马" /054

老师眼里的好学生≠老总眼中的好员工 /055

心态归零不等于零 /056

明确的目标是成功的开始 /059

听从心的指引 /061

《我的明确目标》 /063

订立求职目标的七个要点 /064

定位决定就业成败 /065

差别化定位，以己之长VS.他人之短 /068

制定实现目标的可行性计划 /073

第三章　破译自荐书密码
——为自己打好人生第一个广告

>> 自荐书密码

先锋信使 /078

推销广告 /078

形象代言 /079

>> 自荐书解码

彰显本质内容 /082

少而精为上策 /083

抓住第一眼 /085

引起他的兴趣，对症下药 /086

"牛唇"要对"马嘴" /089

专业性让你"打入内部" /089

"真诚会惹祸" /092

别忘突出自己的"卖点" /093

给自荐书穿上美丽的外衣 /096

第四章　破译工作单位密码
——"找对婆家嫁对郎"

>> 找"婆家"密码

就业指导中心 /099

校内招聘会 /100

人才市场 /100

网络招聘 /101

职介中心与人才派遣 /101

人脉 /102

>> 找 "婆家" 解码

找准坐标，再找工作 /102

找工作从大一开始 /105

善于发现就业机会的 "缝" /107

广开门路，多得出路 /109

找工作要专业对口吗 /112

第一份工作要选好公司 /113

找好的不如找对的 /114

第□章 破译面试密码
——从海选中晋级，在PK中决胜

>> 面试密码

"选秀" /123

模式 /124

对手 /126

"诡计" /127

>> 面试解码

撩开面试的神秘面纱 /129

准备100%，提防发挥 "打折" /131

"化装侦察" /132

我是最棒的 /135

注意面试之中，提防面试之外 /136

第一印象最重要 /137

肢体语言会出卖你 /138

用职业素养说话最有说服力 /141

"秀" 出自己 /144

● 巧对刁难问题 /147

规避危险歧途 /150

将计就计 /153

面试"四绝" /160

实战演习，以战代练 /162

第六章 破译签约密码
——合同不是保证书

>> 签约密码

劳动合同 /169

签约 /169

>> 签约解码

谈薪酬待遇的最佳时机 /171

一把算盘两面打，像商人那样成交 /172

防患于未然 /173

合同不是保证书 /175

后 记 那些永不能忘记的感谢 /177 ●

前 言

站在起跑线上

同样是大学毕业生，为什么有的人能找到称心如意的工作，笑傲职场，而有的人却四处碰壁？为什么有的人能逆流而上，像杜拉拉一样升职加薪，而有的人却不断被炒鱿鱼，无颜面对"江东父老"？为什么有的人逐渐清晰地走向成功，而有的人却懵懵懂懂地走向失败？原本相同的人生起点，为什么毕业后差距越拉越大？

每一个求职者踏上求职之路时，当他或者她拨开重重迷雾、探寻就业秘境、初识职场中的刀光剑影时，是否特别渴望能破解就业密码，拥有"除妖防魔"的护身符，从而抵达就业的圣地，获得自己梦寐以求的理想工作？如果你拥有这份渴望，迫切希望有人给你指点迷津，那么，请你打开这本书。它将在你开始自己职业生涯时，为你分析就业市场、制定就业计划、打造全新的自荐书、找到遂心称意的工作单位、顺利通过面试，它是你求职之路的必备指南和规避风险、提升效率的金钥匙。拥有它，你也许不能找到百分百满意的工作，但它一定能够教给你寻找理想工作的正确途径，带给你成功求职的良好心态，让你在求职时事半功倍，为你的求职保驾护航！

这本书是我10多年打工经验的宝贵结晶，是我对新求职者的殷殷告诫、悉心指导！从重庆到深圳，从昆明到北京，10多年的打拼和历练，我走过了一条新鲜、神秘而艰险的路途……唯愿破译就业神秘的密码，绘制出求职"寻宝图"，为即将踏入职场的弟弟妹妹们奉献出自己微薄的经验和数不清的教训！

　　从汶川抗震救灾，我真正明白了，奉献让人生变得厚重而丰盈。从汶川志愿救灾回来，到现在3年多的时间，我辞去工作，专门写完了这本书，希望能用这凝聚着无数心血的文字，去帮助那些在求职路上艰苦跋涉的他或者她！

　　这是我在写作这本书之前给自己写的一首诗，融汇了自己写作的初衷，也寄托着我对千千万万即将走上求职路或者正走在求职路上的朋友们的劝勉！

故园三千里，他乡二十年。

慈母鬓已白，游子人未还。

风口浪尖搏，枕星伴月眠。

千山不是关，万壑亦非险。

四方任我闯，天涯只等闲。

莫道漂泊苦，忘却海水咸。

一笑置荣辱，得失皆历练。

爱拼才会赢，打遍天地间！

　　希望这本书能够让你少走一些弯路，少受一些伤害，多一些经验，多一些成功的机会！如果能帮到求职者一点，我就非常欣慰和感恩了！

　　因为，我把这当成自己的使命，而这本书，只是一个起点。

唐仓健

2011年5月

第一章

破译就业市场密码
—— 成功就业始于知彼知己

大学生最怕的是什么？很多人会说怕毕业。当下流行的一种说法是，毕业就是失业。张明对这种观点非常赞同，还是大三的他就要笨鸟先飞，先要做一些准备工作，到大四也好马上去实习。可是，这只笨鸟，面对就业市场这片大林子时，他纠结了，林子这么大，该往哪里飞呢？可怜张明资料准备了一大摞儿，名牌西装准备了三套，皮鞋准备了两双，在人才市场泡了半年，眼看就要大四了，他的准备工作还没有做完。这是为什么呢？

其实，作者年轻的时候也有这样的困惑。如果我们把就业比作一项人生投资，投资之前必须要做一下市场调研。通俗一点说，就是要了解一下你将要投身的这个就业市场。

>>就业市场密码

就业难

本科生、研究生、博士生，生生不息；

上一届、这一届、下一届，届届失业。

这幅对联虽然有些绝对和夸张，但也生动地反映了当前就业市场的一种状况。由于大学扩招，大学生数量不断增加，就业市场渐趋饱和，就业竞争日趋激烈。从就业需求角度、供给角度和供求匹配角度三个方面进行分析，当前大学生就业难已是不争的事实。就业难，已经成为政府部门、大学生、家长和社会大众普遍关注的一个热点问题。

当下就业难的主要特征是：需要就业的毕业生人数在不断增多；社会所能提供的工作岗位数量有限，就业压力越来越凸显；找到的工作和专业不对口；独木桥上难成活；跳槽频繁，一跳更比一跳难。

就业真的难吗？究竟有多难？具体情况如何？下面，请读者跟笔者一起具体分析。

就业单位

在我国，就业单位包括国有单位、城镇集体单位、股份合作单位、联营单位、有限责任公司、股份有限公司、民营企业、港澳台投资单位、外商投资单位和个体工商户。

就业人数

近年来，我国教育事业蓬勃发展，高等教育逐渐大众化，大学数量不断增加，各大院校大量扩招，大学生数量剧增。2009年，全国普通高等教育本专科在校生达到2144.66万人，在学研究生达到140.49万人。大学毕业生人数年年增高，2010年，高校毕业生达到631万人。根据《教育部关于做好2011年全国普通高等学校毕业生就业工作的通知》，2011年全国普通高校毕业生规模将达到660万人的新高,当前高校毕业生就业形势依然严峻,工作任务仍然艰巨。今后一个时期，高校毕业生人数还将持续增长。

人口众多、劳动力资源丰富是中国的基本国情。国家统计局2011年4月28日日发布第六次全国人口普查第1号公报，全国总人口为1339724852人（不含香港、澳门特别行政区和台湾省），其中，劳动力资源92148万人，有大学程度的人口2010年比2000年增加了7393万人。这次普查显示，居住在城镇的人口为66557万，城镇人口大幅上升占49.68%，居住在乡村的67415万人，占50.32%。同2000年相比，城镇人口比重上升13.46个百分点。

由于大学扩招，城镇化建设加快，大量农村劳动力进城，下岗工人面临再就业等诸多原因，我国目前的就业形势严峻，竞争白热化。

"独木桥"

在如今的就业市场上，一些热门职业，如公务员、银行职位、电力职位、电信职位等，由于福利待遇不错，饭碗稳固，大学毕业生纷纷去争抢此类饭碗。公务员更是成为热门中的热门，成千上万的人都去争考名额稀少的公务员，犹如千军万马挤独木桥，其难度不亚于当年"范进中举"（见表1-1）。能从独木桥上过河到达彼岸的成功者毕竟凤毛麟角，大多数的人要留在原岸。

就业链接

表1-1　最近7年全国公务员考试录取率

年份	总分	行测分	合格人数	招考人数	录取率
2010	—	—	1041845	15526	1.44%
2009	105	60	775000	13566	1.75%
2008	105	55	640000	13977	2.18%
2007	110	60	535574	12724	2.38%
2006	115	60	365000	10282	2.86%
2005	120	60	310656	8400	2.70%
2004	135	65	181488	7900	4.35%

数据来源：摘自中国公考网http://www.gongkao.net。

潜规则

潜规则是隐藏在正式规则之下、实际上支配着社会运行的一种不成文的规矩，也称暗规则、灰色规则。它潜藏在暗处，不见阳光，不能拿到台面上，不能公之于众，无明确条文可查，却在一定范围内约定俗成，被遵守和运用。弄懂潜规则，有助于在就业甚至工作中进行取舍，做出正确的选择，保护自己，趋利避害。

目前就业市场上主要的潜规则有：

● 性别歧视：男生的就业机会大过女生。相当多的企业喜欢用男生，不喜欢用女生。他们的理由是：女生娇气，说不起，骂不得，忍受不了，相当多的岗位不能胜任，还有婚期、产期、经期耽搁，企业付出的薪酬成本更大，收益反而更小。

● 相貌歧视：相貌出色的人就业机会大过一般人。相当多的企业喜欢用美女、帅哥和"福将"，不喜欢用相貌有缺陷或老板认为将给企业带来霉运的人，这是不成文却明摆着的事实。

● 年龄歧视：年龄太小，说你嘴上无毛，办事不牢；年龄太大，嫌你家庭拖累太多，思维僵化，观念顽固，不如年轻人一张白纸好驯服、好使用。企业喜欢用听话、精力旺盛、拖累少、报酬不高、上进心强、可塑性高的年轻人。

● 经验歧视：几乎所有的企业招聘员工都要求要有相关的工作经验，甚至还要求过去有辉煌的业绩。对于年纪轻轻刚毕业的大学生来说，从哪里来那些同职工作经验和业绩呢？你有你的具体情况，但企业也有它的现实考虑，你有选择权，企业也有选择权。

● 婚恋歧视：夫妻或谈恋爱的双方在同一家企业上班，二者必走其一，这是当今诸多企业里不成文的规定。你有婚恋的自由，但企业不能容忍你在办公室打情骂俏，有爱人与你在一起，你也无法将精力完全集中在工作上，你很难将私事和公事完全分开。上班时间你不属于爱人而属于企业，因为企业用薪酬将你的8小时买断。企业为了保证自身的利益，最好的办法就是防患于未然，让你走或是你爱人离开。

● 学历歧视：如今凡是招聘，几乎都要规定需什么样的文凭。虽然有学历并不代表你有能力，或保证你能顺利就业，但是在当今的就业市场中，它确实是一张门票，很多时候没有学历你就入不了职场那扇门。

由于学历歧视，扼杀了很多人的机会，导致了千军万马挤"升学"这一独木桥，拼死也要去混一张学历或搞个假文凭。不过，如果按照某些政府部门、事业单位及企业单位的文凭标准，比尔·盖茨都是不够格的，因为他大学没毕业，是个退学生。

● 关系歧视：在单位，尤其是在国有企事业单位，有没有人脉显得相当重要，没有关系，你就是圈子外的人。没有任何关系的人，在单位就处于边缘地带。

● "高鸟尽，良弓藏"：当你的价值被用尽，而企业又不再需要你，"高鸟尽，良弓藏"就是你的下场。有良心的老板，给你最好的下场就是"杯酒释兵权"。当企业发展变化了，而你不思进取，只吃老本，本事不见增长，不能为企业创造新的价值，你只有被无情地抛弃。

● "新欢"胜"旧宠"：几乎每个入职的新人，都有一个"蜜月期"。这个时候，老板和上司把你当做新的希望，你是他们的"新欢"，而那些旧人则被相对冷落了不少。不过，作为新人你也不要得意，因为新人很快就会变旧人。如果你不抓紧时间，努力去做到他们所希望的那样，到头来你让他们的希望落空，那么你的下场可想而知……

现实中的潜规则远远不止这些。如果你需要进入就业市场，并在其中生存发展，那么你就不能"不食人间烟火"，超然于外。了解职场各种规则和潜规则，是在职场中成长与发展的必需手段，否则，你就会因为"水土不服"，被淘汰出局。只有能力，你未必是精英；只有忠诚，你未必获得信任；只有苦干，你未必得到肯定。不懂职场规则与潜规则，必然处处碰壁，四面楚歌。

渴望成功的人很多，但真正成功的人很少，原因就在于绝大多数人都只看到表面规则，认为业绩、能力、贡献决定一切，真相却往往并非如此。摆不平、用不活职场规则与潜规则，将让你左右不是，宽严皆误；熟谙就业市场的规则与潜规则，是生存于就业市场的根本。

杜拉拉升职的潜规则

职场小说《杜拉拉升职记》走红，陆续被拍成了电影和电视连续剧，成为职场人士广泛关注的对象。主人公杜拉拉是个大学毕业生，没有什么家庭和社会背景，进入就业市场后摸爬滚打，历经民企、外企，并在外企曲折成长为世界500强企业高管。她的成功不是某个单方面因素造就的，既有个人的努力奋斗，也有高人的指点和高层的欣赏，还有同事们的支持与配合，以及外企良好的升迁机制，等等。杜拉拉的升职，走的是正规路子，是一个阳光的成功者。然而，在阳光的背后，她也被"潜"过。

在广东珠三角，杜拉拉经历了做汽车配件的民营企业老板胡阿发的性骚扰。她没有以身体去做交易，或为了不错的薪水忍辱负重，而是果断选择了跳槽。杜拉拉巧妙逃脱了好色胡总的性骚扰，成功跳槽到了世界500强企业DB。在DB公司，企业将办公室隔间用透明玻璃做隔断，用同事海伦的话说，其用意也是为了防止性骚扰。性骚扰，是职场丽人们不得不面对的潜规则之一。

杜拉拉清纯靓丽，她在DB的女同事海伦等也都是美女，男同事王伟等都是帅哥，她的顶头上司Rose更是"白骨精"（白领+骨干+精英）。这是一些企业追求的结果，招聘的员工几乎都是帅哥美女，这也是职场潜规则之一：美丽经济。一些企业招一些美女做摆设、撑门面，也是一种潜规则，即所谓的"花瓶"现象。在就业市场，美丽有时就是一张通行证。有修养有内涵的美丽，成为杜拉拉升职的要素之一。试想如果杜拉拉是个丑女，结果又会怎么样？她还能升职又加薪吗？恐怕连世界500强企业DB的门都摸不着！

　　杜拉拉成功升值还巧妙地利用了一个职场潜规则，这就是"攀高枝"，或者说是"找靠山"。杜拉拉周围，既有管理者在百般钩心斗角，也有本事不大脾气却不小的难缠下属。还有爱刁难人、不怀好意、争风吃醋的平级，在这职场丛林中，杜拉拉之所以能突出重围，就是利用了大客户部总监王伟。王伟在公司里业绩突出，地位显赫，杜拉拉与他谈恋爱，虽是真心相爱，但事实上身居要职的王伟也成了杜拉拉重要的后盾。王伟不仅是杜拉拉的男朋友，还是职场"菜鸟+傻瓜"的杜拉拉的启蒙师傅、益友和心理按摩师，让她明白了不少职场明规则与潜规则，少走了无数弯路。杜拉拉成功的背后，有一个更成功更有实力的男人在全方位地做支撑。当然，以杜拉拉的聪明才干，没有王伟她也照样会成功，但是，她的成功之路将会更加曲折和漫长。

>>就业市场解码

借双慧眼看清现状

　　消除悲观思想，克服畏难情绪，借双慧眼看清现状，你就会找到合适的那份工作。

要看清时代特点

　　当下，国家繁荣昌盛，你拥有最多最好的就业机会。在就业市场上，每个大学生都是当用、有用之材，只要你掌握就业密码，找准位置，用对地方，学会调整自身位置，放下身段，找到切入点，你的就业之路其实不窄，说难也不难。

要看清自己的就业目标

就业没有标准答案。不要只想到找"铁饭碗"，只要你肯努力，属于你的好饭碗不计其数。"铁饭碗"是计划经济时代的"遗腹子"，正在逐步退出历史舞台。随着改革开放的不断深入，在不远的将来，"铁饭碗"也许会被彻底砸烂。到那时大家都会有危机感，都必须努力拼搏才能保住自己的饭碗。生于忧患、死于安乐，对于敢闯敢干、敢于承担风险、勇于接受挑战的大学生来说，进入就业市场，就如鱼得水，拥有很多机会捧上"银饭碗"、"金饭碗"！对于按常理出牌、想要依赖传统秩序的人来说，则会被社会的快速发展变化冲得七零八落，怨声载道！

如今，就业市场那么大，机会那么多，就业者与用人单位实行双向选择，你拥有充分的择业自由，再也不必一生局限于某一个你讨厌的工作岗位。你的热情、才华、能力和智慧等，都可以找到地方得以充分发挥。对于敢于拼搏的人，其实就业之路越来越宽广，拥有了更多的机会获得成功。只要有理想，肯奋斗，每个人都可以去实现自己的梦！

现在为大学生就业提供的"班车"越来越多，你的就业线路并不单一，你不必非要去挤那一趟快要挤爆的"车"，坐其他线路的"车"、"船"甚至"飞机"，你同样可以到达目的地。随着新材料、新能源、新行业、新产业等不断涌现，这些领域所有的就业者都是从新开始，对于新人来说，由于充满激情和好奇心，没有形成固定思维模式，也不会故步自封，反而更加有利，拥有更多机会！

要看清即将就业的自己

拨开就业市场上空的层层迷雾，放眼望去，属于你的就业市场其实美丽无比，宽阔无比。

理性分析自身条件，利用SWOT方法分析自己的优势和劣势，明白你擅长什么，在什么领域能够最大限度地调动自己的潜能，最大程度发挥自己的主观能动性。心平气和地听听别人对自己的分析和评价，请专业或者权威人士给你的求职就业进行指导，制定出合理又实用的职场生涯规划。静下心来，听一听自己内心的声音，明白自己真正想要什么，奋斗的目标是什么。如果有条件，还可以到喜欢的工作岗位去实习一下，或者跟从事这种工作的人了解一下，真正找到自己适合和喜欢的工作。

清空你的杯子

最先进的生产模式，就是以市场的需求为导向，市场需要什么商品，就制造什么产品。消费者可以买到自己需要的商品，而厂家的产品也不会大量积压卖不出去。就业亦是如此，以就业市场的需求为导向，用人单位需要什么样的才能，我们就去学习什么样的本事。缺什么就补什么，那么我们就是用人单位正好需要的人才，不会"积压"，也会"销"不出去；用人单位想"买"什么样的人才，也不至于"买"不到。

那么如今就业市场真正的需求是什么呢？

企业需要的是既有理论知识又有实际工作能力，且具有专业技术、职业素养、职业道德的职业化高素质人才。企业不一定招聘最优秀、最昂贵的人才，但一定要招聘最合适、最划算、最忠诚、最好用的人才。企业最喜欢用能吃苦、能受气、能负重、敢担当且谦逊好学、积极上进、勇于创新的人才，最不喜欢夸夸其谈、在过去的成绩上睡大觉的人。

为此，我们需要尽快去掉身上的学生味，努力成为企业最需要的职业化人才。武功盖世的"功夫之王"李小龙认为："清空你的杯子，方能再行注满，空无以求全。让你的思维如水一样没有束缚，招式变幻的伟大可以在水中得到启迪。"这个道理用在求职者身上,也非常适用。我们应该像清空电脑里的旧文件夹一样,将自己沾染灰尘的过去清空,以便有足够的空间存储新鲜的现在和未来;应该像给电脑重装操作系统一样,给自己重装新版的、企业需要的"操作系统"。具体地讲,"旧文件夹"就是指旧的观念、习惯和为人处世的态度等,重装"操作系统"就是要主动更新自己的思想观念,学习工作真正需要的本领,改变为人处世的方法,养成职业习惯,提高职业素养等,积极适应社会和生存环境的变化,迎接崭新的现在和未来,使自己赢在就业的起跑线上。

无缝对接

大学毕业,你将从校内走向外面的世界去就业,由学校学生转变成企业员工,这是一次跨度不小的对接。然而,在当今中国的就业市场上,存在一个众所周知的事实就是:你曾经所学的,往往非你现在和将来所用的!由于学用不对接,你适应起来很困难,且不能充分发挥出效能,用人单位用起你来也不顺心顺手。现在,你最要紧的一件事情,就是要实现从学校到就业市场的无缝对接,从合格的大学生华丽转身变成合格的员工。

实现对接的方法有很多种,比较实用的办法主要有:

第一,通过阅读来自实战的就业书籍,可帮助你对接。市场上,这类书籍琳琅满目,从不同角度、不同侧面指导就业者。挑选一本适合自己的书,非常有必要。挑选这类图书,一看出版社和作者,二看写给谁看的,三看书的内容与现实接不接轨,实不实用。

第二,参加一些有针对性的就业培训,也是一种立竿见影的办法。目前,各种机构组织的关于就业的培训种类繁多,按照组织机构分,主要有学校以及学校社团等组织的公益性质的培训,社会上给就业者提供的针对性很强的培训,还有以考证为目的的培训,等等。

第三，大学毕业生在拥有良好的职业道德与专业技能的同时，还需要具备一定的实习和实践经历。如果你明白就业的道理较早，从大一就开始利用假期或课余时间去打工，做兼职、当临时工或找机会实习等，学习实际就业知识，锻炼实际就业本领，那么，当你大四毕业时，也许你就能很好地与职场对接了。

第四，趁早请一些在就业市场中较为成功的师兄师姐，给自己讲讲就业经，也有助于自己就业时学用对接。

第五，权且把刚开始上班的第一家、第二家企业当做自己真正就业前的"实战演习"。通过"实战演习"，总结经验教训，找到自己的差距，马上去补上自己的不足之处，就能很快实现从学校到就业市场的成功对接。

第六，如果有机会参加一些社会公益活动，例如做奥运会志愿者、世博会志愿者、抗震救灾志愿者等，也能获得一些社会工作经验，加深对社会的真实了解，有助于从学校到就业市场的无缝对接。

 ## 松下幸之助求职记

松下幸之助到一家电器工厂求职，人事主管见他衣着肮脏，身材又瘦又小，觉得很不理想，但又怕直接拒绝伤害他，便信口说："我们现在暂时不缺人，你一个月以后再来看看吧。" 这本是随口说出的推辞，没想到一个月以后他真的又去了，那位人事主管又推托说："我现在有事，过几天再说吧。"过了几天，他再一次去了，那位人事主管又随便找了个理由推托。如此反复了好多次，人事主管见无法推托，只好直接说出自己的"秘密标准"："你这样脏兮兮的进不了我们工厂。"

费了那么多周折，这下子总算知道自己的缺点在哪儿了。于是

松下幸之助想尽办法借钱，买了新衣服，洗了澡，对自己的形象进行了全新包装。他再次前去面试，心想这次人事主管不会再为难他了吧。那位人事主管看他如此实在，只好说："关于电器方面的知识，你知道得太少了，我们不能要你。"

两个月后，松下幸之助再次出现在人事主管面前，充满自信地说："我已经学会了不少有关电器方面的知识，您看我哪方面还有差距，我一项项来弥补。"

人事主管紧盯着态度诚恳的松下幸之助，看了半天才说："我干这一行几十年了，还是第一次遇到像你这样来找工作的。我真佩服你的耐心和韧性！"松下幸之助终于得到了自己梦寐以求的工作。后来，他创建了世界著名的松下电器，被誉为"经营之神"。

松下幸之助之所以最终能够求职成功，主要有两个方面的原因，一是他屡败屡战，越挫越勇，顽强坚韧的精神，打动了人事主管；二是他不断有针对性地努力，根据企业的需要改造自己，实现了自身求职与企业聘人的无缝对接，这是人事主管最终聘用他的根本原因。比如形象不符，他就马上买衣服更新形象达到企业的标准，专业知识不足又马上补上成为内行，用他自己的话就是"您看我哪方面还有差距，我一项项来弥补"。正是因为松下幸之助找到了自己的差距，一项一项地与企业的需求进行对接，才求职成功。

以思路换出路

就业观念不变原地转，观念一变天地宽！要破解当前就业难的难题，改变思路，是获得出路的一大法宝。

改变思路，就是要充分认识自我，调整自身心态，端正就业意愿，树立正确的择业观；要树立劳动不分贵贱，职业平等的就业观，不必非

去干体面工作不可；要认清形势，树立不等、不靠的就业意识，明确自身定位，合理规划就业期望值，积极主动地推销自己；就是要树立"先生存，后发展，再成功"、"先就业，后职业，再事业"的新观念。

改变思路，就是要培养创新、冒险的就业意识。三百六十行，行行出状元；960万平方公里，处处都可以成为建功立业的广阔舞台。被媒体热炒的"北大高材生甘当猪肉王"、"研究生竞聘小区居委会"等，其实就是一种创新的、冒险的就业意识的体现。

改变思路，就是要加强心理素质训练，培养越挫越勇的就业意识。既能客观看到自身的优劣势，知错能改，扬长补短，更能毫不畏惧地迎接任何困难与挑战。既有坚定的信念，卓越的胆识，又有坚强的意志，豁达的胸襟，不会因为一点挫折就变得垂头丧气，而是从哪里跌倒，就从哪里爬起来，越挫越勇敢。

改变思路，就是要培养不怕吃苦、不怕受气的就业精神。根据调查，绝大多数的大学生还是比较能吃苦的，但随着生活水平的提高，很多大学生只是把能够吃苦放在嘴边，真要做点苦差事，就有抱怨了。培养不怕吃苦的精神，不是非要去过苦行僧一样的生活，而是增强社会适应能力。好面子、讲排场、比阔气、贪图享乐、铺张浪费，不仅不符合国情，而且容易使我们玩物丧志，失去开拓进取的动力，"生于忧患，死于安乐"，就是这个道理。一些大学生从小到大生活在"蜜罐"里，听称赞表扬的好话习惯了，一到社会上挨点批评处罚，就觉得自己受了天大的委屈。有道是宰相肚里能撑船，吃得苦、受得气，才能成为就业市场中有所作为的"大器"。

改变思路，就是必须培养务实、合作的团队意识。现在不少大学毕业生在实际工作中不脚踏实地，眼高手低，急功近利，个人英雄主义，与大多数企业崇尚诚信、务实、团队合作的企业精神格格不入。我们要认识到问题的严重性，实事求是地评估自己，培养务实、合作的就业意

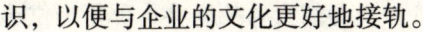

识，以便与企业的文化更好地接轨。

总之，思路决定出路，只要我们转变就业观念，以思路换出路，摆在我们面前的就业道路就将不计其数。

架设就业的"立交桥"

要破解目前千军万马挤独木桥的难题，最好的办法就是多元化开辟就业渠道，为就业架设"立交桥"。这样川流不息的就业者各行其道，畅通无阻，可有效避免千军万马挤独木桥造成的堵塞。在广阔的就业市场上，有着数量巨大的民企、国企、外企，还有生机勃勃的中西部地区，大学生去那些地方就业，就犹如从挤"独木桥"到轻松通过四通八达的"立交桥"。事实上，随着改革开放的不断深入，就业的"车行道"越来越多，越来越宽，越来越自由，而且条条道路皆可通罗马，七十二行行行都可出状元，我们不必非要去挤"独木桥"！

下面就是一座"十八车道"的"立交桥"，你看看哪条"车道"适合你呢？

车道一：做强者自有出路。21世纪什么最宝贵？人才。所以，学好本领，提升自己的含金量，是最好的出路。比如，有针对性地参加就业培训、专项职业技能培训、报考职业资格证书等，有助于拓宽自己的就业渠道。多参加社会实践，增强对就业市场的适应性，增强就业信心与能力，提高就业竞争力，是金子到哪都会发光，做强者自有出路。

车道二：积极参加校内举行的各种类型的招聘会。大学院校向社会发布毕业生求职信息，收集用人单位招聘信息，接待用人单位组织校园招聘活动，开展就业咨询和就业指导，办理就业协议书的签约手续，形成毕业生就业方案，负责毕业报到派遣等，是目前高校使用最多的一种举办招聘会的流程。

车道三：勇敢走出校园去人才市场求职。各个城市都有专门的人才

市场。各大人才市场每周都会举办各种类型的人才招聘会，那里可供选择的就业岗位非常多，是大学生非常重要的就业渠道之一。

车道四：通过社会培训机构及中介寻找工作，也是一种就业途径。缺点是良莠不齐，社会经验不足的大学生稍有不慎，容易上当受骗。

车道五：参加网络招聘。网上求职，不仅便捷还为毕业生节省下不少求职费用，已成为大学生就业的重要渠道；而就业网络联盟已日益成为企业招聘的重要途径，通过网络可以更好地向毕业生介绍企业的用人制度和理念，吸引到更大范围内的优秀人才。网上视频洽谈和视频简历服务，缩短了时空距离，在供需双方都足不出户、不用消耗任何成本的前提下，达到"面对面"交流。这种省时、省力的方式赢得了供需双方的欢迎。

车道六：通过家里人、亲戚、朋友、熟人等帮助找工作，也不失为一种找工作的门道。当然，求人不如求己，找工作还是要立足于靠自己，自己的问题自己解决最好。

车道七：适当利用潜规则为自己开辟就业出路。既然潜规则是就业市场中现实存在的一种生存法则，我们不必谈虎色变，唯恐避之不及。我们何不像现实社会中许许多多人那样，利用它为自己谋取就业出路呢？比如从大一开始就有意识结交一些重要人物，必要时托人找关系，对就业会有好处。中国是一个非常重视人情世故的国度，不识别一些潜规则，不利用一些潜规则为自己多谋一条出路，到时候难免道路不畅。当然，前提条件一定得是不触犯国家的法律法规，否则得不偿失。

车道八：到外地去就业。树挪死，人挪活，在本地就业岗位有限的情况下，可以到别地去寻找机会。一些地方政府部门坚持实施跨地区就业的"金桥工程"，就属此列。

车道九：到西部去就业。西部大开发才刚刚拉开帷幕，那里就业道路广阔，前景无限。不必非要到经济发达的沿海地区去就业，那里已经云集了太多的人才，竞争异常激烈，薪酬优势也逐渐在减小。

车道十：到基层去就业。就业渠道不畅，其中一个原因是大学生择业不愿下基层。其实，只要你有一颗追求成功的心，即便是到基层，你一样可以获得成功，一样可以实现自己的梦想。目前，政府部门对到基层去就业和创业，有鼓励和优惠政策。

车道十一：出国去就业。就业市场越来越国际化，国际型人才也越来越多。无论是通过低端的劳务输出，还是通过高端的人才派遣，或者是通过人才市场招聘，现在出国去就业已经成为一种渠道。比如不少国人目前就在西亚、非洲、韩国、东南亚等地赚外币。

车道十二：到中小企业去就业。以中小企业为主体的民营经济，已名副其实地成为中国市场经济的半壁江山。对整个就业市场而言，中小企业是大学生就业的主战场、主渠道。虽然中小企业较难在福利待遇上与大企业、外资企业竞争，但是小有小的好处，可以为员工提供个体更广阔的发展舞台。

车道十三："农村包围城市"。如今，大学生应聘村干部，到乡村去做村官也是一条不错的就业渠道。现在基本上都实行聘用制，用人单位和求职者双向选择，来去自由，你从农村开始，不等于一辈子就钉在了农村。现在不少有眼光的城里人反而到农村去投资经营，寻求更好的发展。最终目标是有自己的事业，大学生害怕一辈子在农村埋没自己是错误的，从农村到城市，从基层一步步往上走，你也能够取得成功。

车道十四：尽管很难，但是考公务员，也是相对比较稳妥的就业途径之一。

车道十五：必要时可降低择业标准，以拓宽就业渠道。比如可降低行业、企业标准，不必非去金融、政府部门等行业，可去制造业、服务业等；也不必非去大企业，可去数量庞大的中小企业，就业的道路将十分宽广。

车道十六：接受"订单教育"，成为一个为用人单位量身订制的人才。比如有的大学同企业签订校企合作关系，不但加强大学生的专业知识学习，还让企业就业指导师走进课堂，为大学生进行有针对性的职前培训，使毕业生的知识结构更加符合行业或企业的需求，为企业量身订制优秀人才。

车道十七：搭乘就业"直通车"。高校毕业生就业难，用人单位难以找到合适员工，这两难情境是当前人才市场与高校毕业形势的真实状况。一些大学生就业服务机构将特定毕业生推荐到特定企业，将学生的匹配信息快递到需求企业，为企业和毕业生之间开辟了直通车。

车道十八：利用"绿色通道"。一些用人单位送工作岗位进校园，为贫困生开通就业绿色通道。

先剩下，再胜出

在当今的就业市场中，充满"物竞天择，适者生存，不适者淘汰"的激烈竞争，作为大学毕业生，先立住足，先保证自己不被排挤出局，可以说是至关重要的一步。在超级职场的PK中，只有先存活下来，先做剩者，才能够继续下一关PK，才有机会做胜者；若不能剩下来，那么"the game is over"。先剩下，再胜出，这是一种非常务实的"防守反击"策略，即先立于不败，在不败的基础上寻机取胜。

然而在现实中却有不少就业者急于胜出，对适者生存、不适者淘汰的残酷性并未有深刻体会，他们对工作和工资的期望值特别高，心高气傲，充满幻想。一般的工作和待遇，根本不放在眼里。他们急于挣"大钱"，想在短时间把从前读书的投资全都捞回来，想在近期内就实现升职、加薪、买房、购车、出国旅游等愿望，想很快就出人头地，以使自己在同学们、老师们、亲朋们、同事们等面前感觉很有面子！但是，现实却是他们在公司里，连怎么给客户打电话都打不好，有的甚至连什么是"有限公司"、"股份公司"、"CEO"等也搞不清楚。他们对于工作、社会、现实和未来等，还处于想象阶段，还只有空洞的、抽象的概念。因此，在社会上常常可以见到一些大学生，毕业后几个月、一年、两年，甚至是几年，都找不到他幻想的工作，挣不到令他心满意足的高工资，在现实中碰得鼻青脸肿。

他们不明白，投身于社会，要想最终胜出，得首先自保，若不能自保，何以争胜？正如皮之不存、毛将焉附？年轻人往往好胜心强，进攻欲望强烈，但不少人防守意识薄弱，重攻轻守。若能加强防守，攻守兼备，注重平衡，那么你将如虎添翼，前途不可限量！

做了剩者，是不是一定就是最终的胜利者呢？在陌生的社会中立住了足，是不是就不会出局了呢？非也！我们还得与时俱进，还得先让自身升值，才有可能加薪升职！否则，依然会out！

那么究竟如何升值呢？首先，在工作中要不断钻研，学习工作需要的必备知识、技术，并不断"进补"，不断提高，把自己的本职工作干好。除了自己要有上进心，勤奋学习，业有专精，还要多向能者拜师学艺。拜师学艺嘴巴要甜，心态要好，要谦虚，眼睛要尖，脑瓜子要灵，悟性要高，为人要忠，手脚要快，要有感恩的心，滴水之恩当涌泉以报。相信这样做的人，没多少人是会拒绝指教的。

其次是将自己收入的一部分，用于自己的"深造"，以适合自己发展的需要。无论是进培训班，还是读电大、夜校、函授、自考等，用一切可能的方式，不断为自己"充电"，为自己"进补"，让自己的知识水平、工作能力、职业技术、职业修养等，不断更新、发展、进步和丰富，提高自身的竞争能力，增强自己的不可替代性，以更好地保住自己的工作岗位和福利待遇。

最后，就是要在工作中学会为人处世，让自己在单位里变成一个受欢迎的人，一个有实际能力，能解决实际问题，并创造实际价值的人。

在工作中，将自己锤炼成一个人品好、情商高、能力强、人缘好、价值越来越大的人。

这样随着自身的升值，我们的工作将越来越好，职位越升越高，收入越来越多，发财的梦想，成功的梦想，将逐渐变成现实，我们就是最后的胜利者！

世界上最伟大的推销员乔·吉拉德的故事

假如让你做促销，在商场推销一套服装，限时半天，你认为你能做到吗？你可能会说：小菜一碟！那么再给你一个新任务，推销汽车，一天卖一辆，你做得到吗？你也许会说：那就不一定了。如果是连续多年都是平均每天卖出一辆汽车呢？您肯定会说：不可能，没人做得到。可是，世界上就有人做到了！这个人在多年的汽车推销生涯中总共卖出了13001辆汽车，平均每天卖6辆汽车，而且全部是一对一卖给个人的！他也因此创造了吉尼斯汽车销售的世界纪录，同时获得了"世界上最伟大的推销员"的称号，这个人就是乔·吉拉德（Joe Girard）。

乔·吉拉德，1928年出生于美国底特律市的一个贫民家庭。9岁时，他开始给人擦鞋、送报，赚钱补贴家用。16岁他就被迫离开学校打工谋生，做了一名锅炉工，并在那里染上了严重的气喘病。

乔·吉拉德在1963年1月之前是一个建筑师，共盖了13年房子，却最终赔得一无所有，什么都没了。他把家里住的房子都赔进去了，银行为了收回贷款把他们夫妻和两个孩子从家里赶了出来，还没收了他家的汽车。乔·吉拉德35岁时破产了，负债高达6万美元。

他太太对他说："乔治，我们没钱了，也没吃的了，该怎么办？"他太太的问话给了他当头一棒。乔·吉拉德一无所有，且负债累累，没有了当老板的资本，他该怎么办呢？

为了生存，他不得不在绝境中寻找人生新的出路。他决定去寻找工作，从一个老板转型做一个打工者，因为他认为有了工资收入就可以给家里买吃的了。

美国密歇根的冬天，雪很厚，天非常冷，乔·吉拉德在饥寒交迫中，一个人孤零零地满街寻找工作。一天又一天过去了，一次又一次地被用人单位拒绝，仍没有找到工作的他已经麻木了，他自己都不知道当时为什么去了汽车销售店，他只记得他走进去请求老板给他一份工作。

看着既穷困潦倒又失魂落魄的乔·吉拉德，老板居然以嘲笑的口气对他说："给你一份工作？哈哈，不可能！我不能让你在这儿工作！你没看到现在正是寒冬季节，根本就没什么生意吗？如果我给你工作做，其他推销员肯定会对我不满，我怎么可能雇你！再说了，你卖过车吗？你会卖吗？"

"没有，可是我卖过房子！"

"没卖过车，那我就更不能让你卖汽车了！你可以出去了！"

面对如此绝望的处境，手脚冻得瑟瑟发抖，肚子已饿得咕咕叫的乔·吉拉德仍不死心，他鼓足勇气大声地对一脸傲慢的老板说："尊敬的老板，你只需要给我一部电话和一张办公桌，我绝不会让任何一个跨进这个门的客户流失，并且我还会给你带来我自己的客户，我一定会在两个月之内成为你们这里最棒的推销员！我的名字叫乔·吉拉德，尊敬的老板大人！"

老板既吃惊又不屑一顾地说："你疯了！"

"不！我饿了，老板！"乔·吉拉德声音洪亮地说。

老板感到更吃惊了，他开始认真打量眼前这个穷小子，似乎起了一点怜悯之心。

乔·吉拉德如实地把自己的遭遇向老板进行了"汇报"，并充满自信地向老板请求，如果老板给他一个机会，他将如何努力推销汽车，如何让老板赚得盆满钵满！最后他非常诚恳地请求老板给他一个机会，让他试试看，如果不行，到时他自己自觉走人！

傲慢的老板被眼前这个饿得发疯的家伙打动了，他答应给乔·吉拉德一部电话和一张办公桌。就这样，乔·吉拉德打了一天的电话，9个小时都在电话前。那天他一直工作到晚上8点50分。乔·吉拉德兑现了承诺，没有漏掉一个跨进门的客户。

乔·吉拉德说："在那时候，我甚至还没意识到我的生活又重新开始了。店门打开，客户径直向我走来。你知道这像什么吗？就像一大袋食物径直朝我走来过来。我心里直叫：亲爱的，过来，过来！我与一个客户坐着交谈了大约一个半小时，终于卖给他一辆汽车。那是我卖出的第一辆车！你知道事后客户对我怎么说吗？他说他买过很多东西，但从没有见过一个人能像我这样恳求他。是的，我求他了！"用近乎乞求的方式，乔·吉拉德销售出自己推销生涯里的第一辆汽车，从而迈出了成功的第一步。

饱受饥饿折磨的乔·吉拉德很清楚，只要多卖出一辆汽车，就能换回更多的食物。于是，乔·吉拉德得出了自己销售生涯中的一大结论：顾客就是你的衣食父母，不要得罪任何一个顾客。因为每个顾客身后还有包括亲戚朋友在内的250个顾客，如果你只要赶走一个顾客，就等于赶走了潜在的250个顾客。这就是乔·吉拉德非常著名的"250定律"。

3年之后，乔·吉拉德以年销售1425辆汽车的成绩，打破了汽车销售的吉尼斯世界纪录，被人们称为"世界上最伟大的推销员"。

　　乔·吉拉德后来对记者说："我出生在美国的一个贫民窟，比你们想象的还要贫困。我没有念完高中，父亲总是打击我，说我做不到，做不到。相反，母亲却时常激励我，说我能做到，能做到，让他瞧瞧。由于父亲的打击，过去我连说话都结巴，因为言语上的打击使我丧失信心。妈妈助我一臂之力，开始将我推向了人生之巅，她向所有人证明我能做到。现在，我也告诉每个人，如果我能做到，那么，你当然同样也能做到。你看，我并不比谁强，我有两只手，还有常用的两只耳朵。我常常用耳倾听而不是用嘴说话，嘴巴仅仅用来吃饭，说得越少，听得就越多。我经常告诉人们，如果你像我这样做，在我的指导下你将会变得富有。下面举个例子，我走遍世界各地，我都被问到同样的一个问题。无论我在哪个国家，法国、德国、挪威或是西班牙，你在这儿能成功吗？在中国也一样，别人问我，你能在中国一如既往地成功吗？美国也许更容易些。在中国做销售就像在加拿大、法国、西班牙一样容易。如果在中国，给我6个月，在中国只要6个月，凭我的头脑，我将再度成为世界第一的推销员！"

　　就这样，一个美国密歇根小老板因经营失败，被寒冷和饥饿逼成了世界上最伟大的推销员！

　　从乔·吉拉德这个案例，我们可以看出：

　　首先解决生存问题

　　生存最重要，是放在第一位的！找不到工作，自己和家人就会饿肚子，更别谈什么别的梦想了！乔·吉拉德在生存的基础上，再努力发展，并最终成为全世界最伟大的推销员，给我们提供了一个"先生存，后发展，再成功"的经典案例和证明。

面对人生巨大的挫折，面对他人的嘲笑，你是选择自卑、报怨和认命呢？还是像乔·吉拉德一样绝不怨天尤人，而是向命运抗争，自己拯救自己和家人的命运呢？

放下更重要

从乔·吉拉德在饥寒交迫中可怜巴巴地寻找工作，到终于说服嘲笑他的老板给他一个工作机会，直到他最后获得巨大成功的历程，可以看出，在生存面前，面子是次要的，为了生存，我们就要敢于像乔·吉拉德一样放下架子和面子，放下所谓的自尊，去竭力赢得生存的机会！在巨大的人生挫折和挑战面前，你最需要的是高情商而不是高智商，面对困境，甚至是绝境，只要我们不抛弃、不放弃，坚持、坚强、坚韧，一定就会有希望！

找准自己的位置

从乔·吉拉德当老板破产，负债累累、流离失所、忍饥挨饿的经历，可以看出：一个人创业当老板未必就一定会成功，当打工者就业未必就不会获得巨大成功，关键是要像乔·吉拉德一样，要找到自己的人生位置，对自己进行正确的定位。定位若对了，就可能像他一样获得成功！定位若错了，也许就如他当初当老板一样倾家荡产！

勤能补拙

在汽车经销店里，在众多同事之中，一天9个小时都在电话旁与客户联系的那个"傻子"就是乔·吉拉德！他出身贫困家庭，说话结巴，丧失信心，先天资质差，然而他却靠努力拼搏取得了非凡的成绩，居然是世界第一！居然是连续12年世界第一！这说明了什么呢？说明了勤能补拙，天道酬勤！

给老板一个利益点

坚冰被融化的最重要原因是什么？傲慢且精明的老板难道仅仅是

因为乔·吉拉德疯了、饿了、态度诚恳和处境可怜等就被打动了吗？非也！非也！除了乔·吉拉德多方面的努力，最重要的一个原因就是：乔·吉拉德要得最少（1部电话＋1张桌子），却给老板的回报最多，他给了老板一个大大的利益点！在几乎无成本、无风险、无代价，且非常有利可图的情况下，老板能不动心吗？更何况乔·吉拉德那么诚恳，对工作那么饥渴，对事情那么执著，干吗不让他试试看呢？

大学毕业生在面试时，如果注意给老板一个利益点，让他感觉聘用你绝对不亏，而且有得赚，未来有想象空间，那么我们找工作的希望就会大！

第二章

破译就业策划密码
——先策划，后就业

今年22岁的小王，是某大学自动化专业大四学生。他听别人说，找工作，要从大一开始。可是，前3年，他光顾学习了，虽然他学习努力刻苦，各门成绩都得了优秀，而且还获得了大学英语四级证书。可是，他因此没有参加过实习，也没有做过兼职。一句话，小王是一个好学生，可他这样的好学生在该找工作时，却感到非常茫然。看着别人忙着做简历、发简历、去面试，他也跟着别人做这些工作，但是，3个月时间转瞬即逝，他简历海量地投了出去，也有为数不多的几次面试机会，但是，小王却连一份实习的工作也没有找到。看着别人不仅安全度过了实习期，甚至已经"名花有主"——和自己理想的单位签了合同，他觉得自己很失败。

小王的情况并不是个别，事实上，几乎所有的大学生，在找工作之前，都存在以下问题：

- 不知道找工作从哪里下手，做事没有逻辑，很乱。

- 过高或者过低估计自己，即使有机会，也被自己错过。

- 找工作的过程中，比较盲目，受别人影响比较大。

- 不知道自己适合什么样的工作，朝着那些一般意义上的"热门"、"好工作"努力，挤破了头也没找到。

- 找工作时，想要的太多，却什么都得不到。

像小王一样的求职者，在找工作之前必须要做的一件事，就是策划自己的人生。

>>就业策划密码

就业策划

就业策划就是指为实现就业目的，首先对自己进行SWOT（优劣势）分析，在认清自己的基础上找出适合自己的、明确的就业目标，然后围绕实现就业目标，采取切实可行的就业策略，进行前瞻性的就业规划，和个性化的、准确的、清楚的就业定位，最后制定可行的就业计划。就业策划就如同行军打仗军师使用什么样的计谋，采用什么样的战略战术去取胜。策划其实就是出谋划策，包括规划、计划、策略（战略）、方案（战术）等。历史上诸葛亮、姜子牙、刘伯温等都是非常有名的策划大师（军师）。

SWOT分析

SWOT分析是指对自身进行优势（strength）、劣势（weakness）、机会（opportunity）和威胁（threats）分析。对自己进行SWOT分析要客观，既要充分认识到自己的长处，也要勇于承认自己的短处。对自己进行优势和劣势分析，不但有助于更加理性地认清自己，而且还可扬长避短，利用自己的优势去和别人的劣势竞争，增加胜算。对自己进行机会和威胁分析，不但可以帮助我们及时发现自身存在的种种问题和威胁自己的"死门"，规避走上弯路、绝路或死路，而且还能让我们在问题、威胁与危险之中找到生存、发展与强大的良机！

明确目标

目标是个人、部门或整个组织所期望的成果。人们的生产实践活动中，充满了目标，从某种意义上说，这些活动就是由制定目标、通过努力去实现自己的目标组成的。目标强调实践性，给人生确定一个希望达到的场景，就是人生目标。有什么样的人生价值观，决定了有什么的人生目标。自己觉得最有价值的目标，就是自己人生的终极目标。梦想、理想是人生目标中比较重要的内容，只有弄清自己的终极目标，才会有方向，才知道路在何方，该怎么走！

人生目标能够让我们看清自己的使命所在，它是一切行动的总指挥；目标是奋斗的依据，也是追求成功的真正动力。有高尚远大的目标，才能取得更多更大的成就。高尔基说："一个人追求的目标越高，他的动力就越大。"世界著名成功学大师拿破仑·希尔博士认为："订立明确的目标，是成功的首要条件，是成功的开始！"

是否具有明确的目标是取得成功的关键。一个明确的目标，具有以下几方面的特征：

真实：可以像李小龙那样在纸上写出《我的明确目标》（见本章第二节），或者写篇短文详细描述我们想过什么类型的生活。要自由地写，让字句由潜意识产生。这样，就可以在一些发自下意识的词句之间找到自己的人生目标。

可行：目标不是空想和幻想，而是可以通过努力奋斗实现的理想。因此我们的目标要切合实际，量力而行，适可而止，不好高骛远，亦不妄自菲薄。目标如果太高，超出自身能力，实现的难度就会很高。如果总是实现不了目标，就会失去自信心，产生自卑感。订立高尚的目标，才能取得更大的成就；订立合法的目标，才不会走向毁灭。

具体：目标不是抽象的东西，应有确切的内容，并由具体的数据量

化，还有明确的时间期限。泛泛而谈的目标是苍白无力的，空洞的目标就等于没有目标。

指标：目标是自己打算去实现的一个一个具体的指标，归根到底是由量化的金钱、财物、地位、权力、知名度、美誉度、影响力、对家庭的回报、对社会的奉献、对国家的贡献等具体内容构成。比如就业这个目标，用多少时间，花多少成本，在什么地方，找到什么样的工作，具体从事什么行业，担任什么职位，挣多少钱，积累什么经验，学到什么本事，达到什么样的生活状况，等等，都要将具体内容明确下来。

可见：最好把自己的目标勇敢地说出来、写出来或挂出来，座右铭也好，削发明志也好，或是制定实施计划也行，形式多样，不拘一格，用以指导自己前进，并时时提醒自己勿忘使命！

就业定位

就业定位是指就业者根据竞争对手在就业市场上所处的位置，针对用人单位对该类人才某些特征或属性的重视程度，为自身塑造与众不同的、给人印象鲜明的形象，从而使自己在就业市场上确定适当的位置。就业定位就是通过实行职业才能差异化、职业素养差异化、职业形象差异化、职业经验差异化等，实现就业者在就业市场上独特的地位，让用人单位或招聘官清晰地辨认，在其心理和心智中占据重要的无可替代的位置，形成他们聘用的独特理由，从而赢得求职竞争。

就业定位包括两个方面，其一是对就业者的职业形象进行设计，为其在就业市场上勾画出自己的位置，使其在目标用人单位负责人心目中占据有利位置。其二是指对自己和求职竞争对手等进行分析，对未来进行策划、设计与选择等，在就业市场上找准自己的位置，让自己与别人有地域分别、行业区别、职场区隔、工作特点、能力优势、个人特色等，使自己占据有利的竞争位置，从而在激烈的就业竞争中赢得机会。

计划蓝图

计划是指工作或行动以前预先拟订的方案，包括谋划、打算、具体内容和执行步骤。计划的实质是确定目标以及规定达到目标的途径和方法。计划的根本目的，在于保证目标的实现。列宁认为："计划是尺度、准则、灯塔、路标。"

我们若想成功就业，就必须绘制出未来的蓝图和前进的路线图，也必须制定适合自己的、科学的和可行的就业计划，同时注意对方案进行优化。如果计划周全，即架设起一座直达就业目标的桥梁；反之，如果根本没计划或计划不周，也许就会遭遇灾难性的后果。

一个可以成功实现的就业计划，必须具备下面几个要素：

个性化：制订计划必须按自己的特点自己制定，不能仿制别人的计划，别人告诉你的方法最多只能充当一个指路标的作用。适合自己的计划，才是最有用的。

可行性：计划的内容要实在，切合实际，要具有可操作性。实用的才是最好的。

任务到位：计划要周密详细，要让自己知道具体干些什么，做到心中有谱，执行有依据。

时间表：要有一个时间表，明确落实每周、每月、每年等各个时间段的任务安排，尽量不要让时间浪费。

科学合理：计划的安排应合理、科学，任务要由易到难，循序渐进，逐步实现。

预留空间：要考虑到情况变化，要留有余地，便于提前或超额完成任务，至少能够按时完成任务，不要把计划定得太满，任务列得太多，致使自己经常完不成任务，常常落个不能按时完成任务的"失败者"印象，打击自己的士气。

灵活性：计划没有变化快，要懂得随机应变，计划不是目的，最终实现就业目标才是目的，制订计划只是一种手段，绝不要为了列计划才去列计划，只要是能达到目的的计划都是好计划。

考核评估：及时对计划的执行效果进行考核评估，奖勤罚懒，纠偏纠错，有助于更好地实现就业目标。

>>就业策划解码

先策划，后就业

在古代，常常是先由谋士出谋划策，再行军打仗，以增加胜算。三国时，刘备能从无到有，由弱到强，三分天下有其一，就在于他拥有了诸葛亮、庞统、徐庶等杰出的谋士，而这些我们从小听到大的谋士，就是策划大师。就业如打仗，也需要先进行策划，才能增大成功的几率。为实现就业目标，找出最佳的战术组合，是就业策划的主要内容。

这是一个竞争特别激烈的社会，这是一个策划制胜的年代，运筹帷幄之中，不仅将决胜千里之外，还将决胜多年以后的人生。重要的事情如果事先进行策划，成功的概率就大增，失败的概率就大减；否则，没有策划的行动，就是盲目的行动，就像无头的苍蝇，必然四处碰壁。毫不夸张地说，一个好的就业策划可以使你就业大获成功。好的就业策划物有所值，事半功倍，它能以较小的付出获取不菲的价值。

然而，在现实生活中，很多人急于找工作，急于上班，急于挣钱，在他们心里就业就只管就业，哪里管那么多，哪里想那么多，害怕浪费了一点点时间，只想马上就干，只想快速获得收益，并捞回当年读书的成本。有很多人任劳任怨，埋头苦干了许多年，精神极其可嘉，但还是没有挣到多少钱或获得什么成功，还是无法改变自己和家人的命运，这是为什么呢？

这是因为他们的人生缺少主动的谋划，只有被动的疲于奔命的行动！他们没有想到策划，也不懂得策划，不对自己的人生道路进行系统的规划！他们就像是一头老黄牛，被命运牵着鼻子走！他们漫无目的地到处乱闯，碰得头破血流，还不知为何！他们不知道在就业之前，应该先动脑再动手，先策划，后就业！这就好比上山砍柴，应该先磨快刀子再上山砍柴，磨刀其实不误砍柴工！

作为处在同一条人生起跑线上的大学毕业生，也许人与人之间的差距就从这儿开始了，在未来的人生道路中，逐渐分化为富人和穷人，成功者与失败者。就业是大学毕业后的第一大事，要想成为前者而不是后者，就必须先用心策划，因为今天的策划决定明天的成败！先策划，后就业，运筹帷幄，谋定而后动，不急于一时，却可能胜于一世！

具体来讲，就业策划对就业者有以下几个方面的意义：

避免建造就业的空中楼阁

通过对就业市场的宏观和微观环境进行实际调查研究，让一个从象牙塔里走出来的大学生了解就业市场的真面目，让自己的就业意愿建立在客观现实的基础上，避免纸上谈兵建造就业的空中楼阁。

扬长避短，少走弯路

通过对自身的SWOT分析，了解自己的优势和劣势，知己知彼，扬长避短，可使自己找准在现实社会中的有利位置或适宜位置，好钢用在刀刃上，还可规避自身短板及风险，少走弯路。

掌握就业主动权

通过精心准备和周密策划，可使就业思路得到梳理，可使未来的人生道路更加清晰，方向更加明确。通过系统的策划，可使自己的就业工

程有一个完整的体系，而不是支离破碎。通过前瞻性的就业策划，描绘出就业愿景，可培养超前的就业意识，掌握就业主动权，避免将来就业疲于奔命，被命运牵着鼻子走。通过制定就业计划，可使自己的就业行为有条理，有步骤，有节奏，有连续性，就好比行军有行军路线图，可避免漫无目的地到处乱闯，在就业路上碰得头破血流。

学会策划自己，才能卖个好价钱

在人力资源越来越商品化的今天，想为自己的学历、智力、体力、能力、经验、才华、创意、热情、激情、心血、健康、美貌和青春年华，卖个好价钱，从而实现它们应有的价值，其中的秘诀之一就是要学会策划自己，善于营销自己！

其实人人都是有用之材，只要策划得当，定位正确，人人都能找到自己的用武之地，开辟出属于自己的成功之路。有的人之所以失败，就在于没有策划，摆错人生位置、行业位置、职场位置、时间节点等，成了"废料"。其实就算是"废料"，只要策划得当，定位正确，用在对的地方，也是可以变"废"为宝的，这就叫"天生我材必有用"！

获得成功就业，完成人生第一步

先策划，后就业，运筹帷幄，谋定而后动，智慧就业，必将获得成功，顺利完成从校园走向社会的人生第一步。

 **他是这样拿下好莱坞角色的**

汤米大学毕业后，一直想做一名电影演员。然而由于受自身条件限制，再加上没有相同或类似的工作经历，也不认识演艺界的任何人，他参加了几十场招聘会，始终没有被哪家电影公司的法眼看

中。独自去好莱坞找工作的他，眼看就要弹尽粮绝了，残酷的现实迫使他不得不回过头来补上一课：策划自己的就业之路。

汤米认真分析了当时电影界的就业形势，并重新客观地评估了自己。他认为在以貌取人的演艺界，自己的相貌处于明显的劣势，每次面试仅仅是因为外表原因就首先被淘汰了。不过他对自己的演技充满自信，只是每次还没有轮到他"秀一秀"演技的时候，就已经出局了。他认为在竞争极其激烈的好莱坞，个人条件普通的自己，继续按部就班地求职很难有出路，于是精心制定了自己的求职攻略。

有一天，好莱坞一家电影公司举行一场大型招聘会，怀揣着电影明星梦想前来应聘的帅哥美女人山人海。突然，现场有一个人昏倒在地，口吐白沫……大家都被这突如其来的一幕惊呆了。负责招聘的导演也走过来，拨开围观者俯下身察看。只见那人脸色煞白，肌肉抽搐，手脚蜷曲，不省人事。眼看就要出人命了，导演令下属马上打电话叫救护车。突然地上那人手脚麻利地爬了起来，开口说道："导演，不用了！你认为我的演技如何？"直到这时，导演及在场的其他人方才如梦初醒，明白了是怎么回事，均被他以假乱真到极致的表演所折服。导演当即决定聘用他。他就是汤米。

就这样，汤米通过精心策划，克服了个人条件差的劣势，发挥了演技好的优势，出奇制胜，告别了"面霸"，成功找到了自己梦寐以求的工作，朝着好莱坞的星光大道走去……

从本案例我们可以看出，汤米大学毕业后，先前没有进行策划就匆匆忙忙去就业，结果是屡战屡败，陷入绝境。然而在汲取失败教训后，他及时补上了就业策划这非常关键的一课，通过精心务实的策划，让原本不入好莱坞电影公司法眼的"小我"，在众多条件优秀的竞争者中脱颖而出，实现了自己的就业目标。

新手如何做就业策划

既然策划对于就业这么重要，那么对于一个职场新人来说，究竟如何进行自身就业策划呢？

对新手而言，做就业策划的具体内容应包括以下几个方面：

调查研究就业市场——知彼

做就业策划，首先要对就业市场进行调查研究，要了解就业市场的宏观和微观状况，也就是本书第一章讲解的内容，要破译就业市场的密码，要知彼。行军打仗前军师要派侦察兵先刺探敌情，就是在想办法知彼，因知己知彼，方能百战百胜。就业也一样，我们也需要先对就业市场状况进行调查研究，才能更加顺利地就业。

分析自身优劣势——知己

要对自身的年龄、身体、外表、学历、智商、情商、工作能力、工作经验、职业技术、职业素养和职业道德等进行综合评估，对自己进行一个系统的、客观理性的SWOT分析，找出自身的优势、劣势、机会和威胁，然后在就业行动中扬长避短，利用自己的优势去和别人的劣势竞争，以增加胜算，少走弯路和错路。

在充分了解自身优劣势的前提条件下，根据自己的实际状况和人生理想，量力而为订立明确的就业目标，是就业策划的重要步骤。只有订立了明确的就业目标，才好进行下一步的就业策划，因为一切策划都只能围绕着实现就业目标这个总任务来进行的。

定位

给自己的人生和就业进行定位，找出就业切入点，找到自己的行业位置、工种位置、职位位置、报酬位置和社会地位等，分阶段地进行正确定位。这里所说的切入点和定位都非常重要，要主次分明，有所侧重，有所放弃，充分发挥自身优势，集中力量打造自己的"拳头"能力，以点带面，循序渐进，最终达到实现就业目标。对于就业发展初期，遵循循序渐进的原则尤为重要，全面开花不可取，急功近利更要不得！

系统地规划，制定就业计划

对自己的就业道路进行系统的规划，找出适合自身特点的最佳战术组合，并制定出实现就业目标的详细计划，然后一步一步地执行下去，并具体情况具体分析，随机应变，直到取胜为止。

想想看，我们身边的人，有多少人专门对就业和人生进行过真真正正周密的策划？再问问自己，我已经对人生和就业专门进行过严谨周详的策划了吗？我有明确清晰的目标了吗？为此我专门实地做过市场调查研究了吗？我客观理性地调查研究过最难认清的自己了吗？我知道自己最强的优点和最容易被对手掐住的"死门"了吗？我有整合自身优劣资源的战略战术组合了吗？……

让我们做自己的策划师，现在策划还来得及。有策划，有计划，多谋且善断，那么美好的未来就开始了；不策划，无计划，少谋且寡断，那么未来与社会、与其他人的差距就将渐渐拉大，你就会被淘汰！

SWOT分析——如何认识你自己

我是谁？

《我是谁》是成龙主演的一部有名的电影。电影中的"我"由于飞机失事，醒来后已经失去记忆，不知道自己是谁，之后一直在想办法弄清"我是谁"。就业也要首先弄清自己究竟是谁，个人"属性"如何？优势如何？劣势如何？机会点在哪儿？问题点又在何处？

这个问题看着比较简单，其实比较难，因为人们最大的敌人就是自

己，最难认清的也是自己。苏东坡在《题西林壁》诗中写道："横看成岭侧成峰，远近高低各不同。不识庐山真面目，只缘身在此山中。"游人所处的位置不同，看到的景物也各不相同。身在庐山之中，视野为庐山的峰峦所局限，看到的只是庐山的局部而已，必然带有片面性。

被美国《时代杂志》评为"20世纪的英雄与偶像"，被日本人尊为"武圣"的"功夫之王"李小龙，对此有非常精辟的认识："你并不了解你自己，人生的第一件大事便是了解自己。自我了解是最为困难的，我们很容易发觉到想发挥自己的才干实际上是满途荆棘。一般人最大的通病便是太自满，一味以为自己了不起，于是便缺乏上进心了。另一种人则太不知足，贪得无厌，毫无自律可言，更谈不上自我警惕。人不了解自己时是最糟糕的。所有形式的知识最终意味着自我的认知。"事实上，自己是一个大宝藏，有待"科考队"探秘。

这里，我们并不去深入讨论这个哲学命题，只是希望求职者从就业需要出发，避免自己的主观片面性，摒除其中夹杂的个人感情，运用最科学的方法，客观、正确地看清自己的全貌与真相。

关于如何了解自己，世界著名的"现代管理学之父"彼得·德鲁克认为，你要问自己四个问题：

第一个问题是：我的长处是什么？

很少有人真正知道正确答案。你应该向周围的人寻求反馈并加以分析，发现自己真正的长处，然后努力完善自己的长处。同时，找到那些妨碍了自己发挥长处的地方，把它们改掉。

第二个问题是：我做事的方式是什么？

就像人的长处各有不同，做事方式也各有不同。在做事方式这个大问题下，要问的小问题还有很多。比如，我是擅长团队合作，还是习惯单打独斗？我是在高压之下越战越勇，还是在和平有序的环境下才能出色发挥？我是在大公司还是在小企业更能取得绩效？关键不在于如何回答这些问题，而在于回答问题后，立刻采取相应的行动。

第三个问题是：我的价值观是什么？

人和企业都有自己的价值观，如果二者冲突，就难以发挥绩效。

回答前三个问题后，你才能回答第四个问题：我该去哪里工作？或者，至少知道不该去哪里工作。知道该对什么样的工作机会说不，知道自己应该以怎样的方式做一项新工作。

第四个问题是：我该贡献什么？

要考虑到三方面的因素：一是现实的要求；二是基于自己的长处、做事方式和价值观，怎样才能做出最大贡献；三是会有什么样的结果。认识自己之后，要付诸相应的行动，而不是停留在口头上，这才是正确地管理自己，实现自己的成长。

 **镜子里的人**

罗伯特是美国从事个性分析的专家。有一天，一个衣衫褴褛的流浪汉闯进他的办公室，却并不要钱，而是从怀中掏出一本书说："我来这儿，只是想见见书的作者。"那本书名叫《自信心》，作者正是罗伯特。

流浪汉有些语无伦次地说："一定是命运之神在昨天下午把这本书放入我口袋里的，因为当时我决定跳密西根湖了此残生。我对一切已经绝望，但幸运的是我看到了这本书，它给了我勇气及希望，并支撑我度过昨天晚上。我想只要我能见到作者，他一定能帮助我。"

罗伯特发现他眼神茫然、满面皱纹、胡须纷乱并且神情沮丧。这些都显示他已无可救药了，但罗伯特不忍心这样告诉他。罗伯特

请流浪汉坐下来，让他把自己的遭遇从头至尾讲出来。原来，流浪汉是因开公司倒闭、负债累累，妻子带着女儿离他而去，他一个人到处流浪，悲观绝望欲跳湖自杀。听完故事，罗伯特想了想说："虽然我没有办法帮助你，但我可以介绍你去见一个人，他可以帮你东山再起。"

罗伯特拉着流浪汉的手，来到心理试验室。他把帘布拉开，露出一面高大的镜子。他让流浪汉站在镜前，镜子里可以看见流浪汉的全身。他指着镜子对流浪汉说："我要介绍的就是镜子里的人。在这个世界上，只有这个人能够使你东山再起，除非你彻底认识这个人，当做你从前并未认识他，否则，你只能跳进密西根湖里，因为在你对这个人作充分的认识之前，对于你自己或这个世界来说，你都将是一个没有任何价值的废物。"流浪汉仔细打量着镜子里的自己，低下头，开始哭泣起来。最后，罗伯特送他离去。

几天后，一个西装革履、精神抖擞的人在路上向罗伯特打招呼，感谢罗伯特先生让他认识了自己，找回了自我。那人正是镜子里的人，但他已经不再是流浪汉。后来，镜子里的人真的东山再起，成为芝加哥的富翁。

流浪汉欲跳湖自杀，是因为他不知道"我是谁"，没有认清自己，自认为自己不行了，一切皆完蛋了，而个性分析专家罗伯特，却让他认识了另一个真正的自己，他从此改变了对自己的不正确看法，成功地东山再起。就业者人生的第一件大事便是了解自己。知己知彼，将助我们就业成功。

从遗传学的角度剖析自己

年轻人尽管想超越父母的成就，摆脱父母的控制，强烈谋求独立，以获得社会的认可，然而却无法完全"叛逆"自己的遗传基因（虽然有变异）。父母其实是一面很好的镜子，在父母的身上一定有自己的"影子"，看看他们有些什么优点和缺点，他们身上的某些优点和缺点，其实往往也可能是自己的优点和缺点。

日常生活中，我们常常见到父母擅长经营管理，其子女在这方面也常常表现出不少潜力；父母离异，单亲家庭长大的子女结婚后亦多有离异。父母具有深厚的文化底蕴，知书达理，作为儿女不受这方面的熏陶也很难。

比如北宋的苏洵长于散文，尤擅政论，是个非常有名的文学家，其两个儿子苏轼、苏辙也继承了这种优势，父子三人名列历史上非常著名的"唐宋八大家"。又比如朱德的父母是农民，具有吃苦耐劳、坚韧不拔的品质，朱德元帅就继承了他们的优良传统，使他在极其残酷恶劣的战争年代里，对革命的信仰始终坚定不移，矢志不渝，战斗到底。

从生长环境剖析自己

马克思说，人是一切社会关系的总和，生长环境对人的影响是具有决定作用的。求职者要从家庭出身、生长环境、成长经历、周边人群、民族属性、地理状况、时代特点等方面，来认识自己。"近朱者赤，近墨者黑"，长期处在那样的环境中，受内、外部条件的影响，加之长期潜移默化，个体难逃受其深刻影响，不可避免地被打上某些烙印。

表2-1从生长环境多个方面，剖析了不同条件下人们所爱影响的差异。

表2-1 从生长环境剖析自己

影响因素	影响程度	解码
家庭出身	★★★★★	招聘表格上大都有"家庭出身"这一栏需要填写,为何?因为基因对个体的影响是非常大的
生长环境	★★★★	比如"海龟"(海归人才)与"土鳖"(国内人才),从小生长在农村与在城市长大的人,他们之间的区别是不小的
成长经历	★★★★★	吃过苦受过累,经受过生活磨炼的人,与养尊处优长大的人,其生存能力和适应社会的能力,差距是非常大的
周边人群	★★★★	物以类聚、人以群分,周边人群的整体素质、追求以及生活习惯对一个人的影响也是非常深远的
民族属性	★★★	不同民族之间区别明显
地理状况	★★★	中国北方气候寒冷干燥,地势大多广阔平坦,所以北方人大多表现出豪放、开朗、爽直的特点;而南方气候湿润,要么是水乡泽国,要么是山区丘陵,所以南方人显得较为温和、细腻、精明,与北方人形成显著区别
时代特点	★★★★	时势造英雄,战争年代是忧国忧民的政治领袖、能攻善守的将军辈出的时期,而和平年代则是治国、管理、经营、教育、科技等人才辈出的大好时期。我们现在就处于国泰民安、高速发展的时期,是无数代中国人梦寐以求都不曾拥有的好时代,是奋斗成功的千古良机

从生理、心理特征上剖析自己

　　毋庸讳言,人的生理、心理特征对就业有着很大的影响。生理特征是先天决定的,心理是后天形成的,其特征都是相对稳定的。我们不能要求求职者去整容,改变性格的可行性也不是很大,只能顺势而为,找到适合自己生理、心理特征的行业或者工作岗位，从这个意义上说，从自己的性别、年龄、身高、体重、体形、体质、肤色、长相、气质、血型、思维类型、性格特征等角度，客观地给自己清楚地定位，取长补短，对就业大有裨益。

同时，也是非常重要的，要从上述各方面对自己进行优劣势分析，找出自己的优点和缺点，看到自己的机会点和问题点，从而认清自己。

表2-2以几种不同的心理、生理特征和与之对应的工作为例，说明思维类型等生理特点与工作类型之间的关系。

表2-2 不同的心理、生理特征和与之对应的工作

生理特点	适宜工作
缜密型思维	缜密型思维的人，如《亮剑》中的独立团政委赵刚，细致周到，但反应时间较长，不适合做需要快速反应和果断做决定的事情，适合做需要深思熟虑的事情，如政委、顾问、参谋、研究人员、策划、设计、文员、文案、技术人员、管理等工作
敏捷型思维	敏捷型思维的人，如《亮剑》中的独立团团长李云龙，反应迅速，应变能力强，但思考常常不够细致周密，办事有时考虑不周，因此不适合做需要深入细致思考的事情，而适合做需要快速反应和果断做决定的事情，如指挥、主持人、公关、销售、外勤、司机、士兵、将领等工作
缜密与敏捷混合型思维	缜密与敏捷混合型思维的人，如诸葛亮、刘伯温、曹操、岳飞、戚继光等，适合做管理、老板、独立自由职业者、参谋、将帅等
品貌、气质、身高等优越者	品貌、气质、身高等个人条件优越者，如《杜拉拉升职记》中的杜拉拉，可充分挖掘自身的优势资源，适合做秘书、助理、礼仪、前台、迎宾、公关、演艺、形象代表等工作

（续）

生理特点	适宜工作
个人条件普通者	品貌、气质、身高等个人条件普通者，可扬长避短，以自身的知识、学历、能力、经验、人品、职业素养、忠诚、机敏、勤奋等特点去取胜，适合在公司内部工作，比如内勤、司机、工人、文员、技术员、工程师、研究员、管理员等
皮肤白皙、细嫩，相貌姣好者	皮肤白皙、细嫩、相貌姣好者，进入化妆品、美容保健、商业等行业较有优势
性格外向者	性格外向开朗者适合做经常与人打交道的工作，比如销售、公关、管理、人事、谈判代表、秘书等工作
性格内向者	性格内向者可尽量避免做经常与人打交道的工作，较适合经常与事情打交道，做一些具体事务，比如文员、办事员、设计、文案、技师、工人等工作
性情沉静、心灵手巧者	性情沉静、心灵手巧者，如《潜伏》中的余则成，适合做一些精细工作，如护士、医生、钟表师、工程技师、操作员、琴师、装裱师、文字校对、刺绣、客服等
性情粗犷豪放者	性情粗犷豪放者，比如《三国演义》中的张飞，不适合做一些细致入微的工作，适合干大刀阔斧的事情，如指挥、将领、销售、公关、谈判等

 ### 丑女也疯狂

    谁都希望自己长得美一些，特别是女生，如果品貌气质俱佳，就业就有很大优势。然而，凡事无绝对，丑女也有"疯狂"的时候。

    一广告公司招聘了两位员工，美女A和丑女B。公司以貌取人，让美女对外做公关，专门与客户谈生意，让丑女专做内勤不对外见客。前期，丑女虽十分努力工作，然而业绩却不佳，快被"炒鱿鱼"了。后来，形势却发生了逆转，原来美女A谈崩的一笔大业务，竟被丑女B谈了下来，在公司引起轰动。此后，丑女B又不断拿到一个又一个业务。美女A很不服气，认为有人从中作梗，但领导如实告诉她："B签下的单子都是你谈崩了的。"

有人请教一位签约客户，了解B是怎样打动他的？客户说："在B身上，有一种对成功的热切企求，她把自己的位置放得很低，她谦和、友好、坦率，在细节上为客户着想。尽管她不漂亮，也不时髦，更很少在实质问题上让步。可能是屡受忽略的经历使她知道怎样去观察和体谅别人。"

据说丑女B总是微笑着对客户说："我也知道我长得丑，正因为如此，我才不可能耍什么花招，唯有以诚实和努力来赢得您的合作……"

她侃侃而谈，在温和朴素中闪烁着一份幽默、自信和睿智，有力地感染着客户。有人劝她用化妆掩盖缺陷，她却说："干吗非要去刻意掩饰呢？有时一个人的缺点就是他的特点，我的长相让人过目不忘，难道不是我最大的优势吗？漂亮女人的青春饭只能吃一时，而我靠坦诚实干赢得的信誉却是永久的。我用知识武装起来的头脑不比用高级化妆品堆砌的脸蛋更能吸引人吗？"这"丑女"真够"疯狂"！

剖析自己的智商、情商

知商和情商，是决定一个人能否成功的最重要的两个参数，也是衡量一个人社会能力的重要指标。从某种程度上说，准确掌握这两个参数，成功就业的概率会增加很多。

　　心理学家提供了很多测定智商和情商的方法，我们通常采用的是美国心理学家韦克斯勒编制的智力量表测定智商，而情商只能根据个人的综合表现进行判断。现在心理学家普遍认为，情商的高低对一个人能否取得成功也有着重大的影响，有时其作用甚至要超过智商。

　　当然，我们不是要每一个求职者都准确知道自己的智商数字和情商水平，而是结合自己的实际情况，分析出自己适合的工作和岗位。所以，从实战的角度了解自己的智商和情商，可以参照表2-3进行。

表2-3　智商、情商实战解码

因素	重要程度	实战解码
学历	★★★★	高学历当然可以证明自己高智商，学历高总比学历低要好。但是从实战的角度来看，学历的高低只代表过去学习的成绩，并不代表未来工作的能力和成就，现实中学历不高成就却不小者比比皆是，学历有时候只是一张门票，进门后还得看真正的能力
专业	★★★★	在我国当前的教育体制下，所学专业与实际工作往往不对口，有非常多的人现在干的职业与当初所学的专业都不相同。事实上，更多的知识、技术和技能等，是在后天实战中边干边学、边学边干而得到的
实际文化知识水平	★★★★★	文凭的高低并不等同于真正知识水平的高低。在实战中，凭的是真才实学，实际的知识水平远远重要于一纸文凭学位。年轻人不要沉湎于过去取得的学习成就，与时俱进才能立于不败之地
职业素养	★★★★★	在工作中，良好的职业素养是一个人看得见的宝贵资产
人生修养	★★★★★	一个人修养的高度，决定了他事业的高度、广度和寿命。修养欠缺的人，偶有成就也维持不了多久

（续）

因素	重要程度	实战解码
道德品质	★★★★★	小胜凭智，大胜靠德。企业的用人原则基本相同：有德有才，破格使用；有德无才，培养使用；有才无德，限制使用；无才无德，坚决不用
财商	★★★★	现实证明人不但有财商存在，而且越来越显得重要。学会理财，自己才会有财
社会阅历	★★★	一个人要想成功，除了要读万卷书，还得行万里路，阅人无数，明师开路。年轻人社会阅历不丰富不要紧，要紧的是重视它，并在后天不断努力丰富它
工作经验	★★★	还没有多少工作经验的人切不可藐视它的重要价值。工作经验是一个人宝贵的无形资产，它可以省去不小的培训成本，这也是当今的企业为什么总是喜欢招聘有同职工作经验的人的原因
工作能力	★★★★★	实际工作能力是吃饭的本钱，也是最重要的因素。不管其他因素如何，能办实事，能解决实际问题，能创造实际价值，就是一个人就业、立足、发展和成功的根本
专长（特长）	★★★★	在就业竞争中专长是非常重要的，有没有专长是制胜的重要因素，胜就胜在人无我有，"一招鲜吃遍天"；反之，败就败在人有我无
兴趣爱好	★★	兴趣爱好，有胜过无，与工作相关相近的兴趣爱好，可以增加自己的筹码
为人处世	★★★★★	在中国这样重视人情世故的社会中，如何为人处世，乃重中之重，事关成败。即便你是天才，如果不会为人处世，也会没有用武之地

（续）

因素	重要程度	实战解码
口才	★★★★	几乎没有一个成功者口才不好，马云、俞敏洪、李开复等，都是口若悬河的人。现实就是能干还要会说。在职场中即便一个人再会干，但是如果不善于向领导汇报工作，不会宣传自己，效果也会打折不少。口才是一个人给自己的思想理念打广告的极佳手段，且成本很低
社交能力	★★★	对于技术型工作来说，社交能力显得不是那么重要，但要想左右逢源加薪升职，也离不开良好的社交能力。对与人打交道的工作来说，交际能力就特别重要了
适应能力	★★★★★	适应能力是一个人立足于社会的基础，是发展和成功的前提
再学习能力	★★★★★	活到老确实是需要学到老的，特别是在这个日新月异、信息爆炸的现代社会，一个人在工作中的再学习能力非常重要
潜能	★★★	实际上每个人最容易被忽视的就是潜能，它往往能量惊人，且取之不尽，用之不竭
情商	★★★★★	不做书呆子或逻辑的奴隶，不做"娇子"和"骄子"，能吃苦、耐劳、受气、忍受孤独、寂寞，不惧艰难坎坷，坚韧不拔，越挫越勇……这些都属于情商范畴，是一个人成功必须具备的素质

对情商的测定，可以采用调查法，即请几个要好的朋友、长辈、老师、领导等，特别是说真话、看问题客观公正的朋友，当自己的"镜子"，让他们坦诚地评价自己，说出自己的优点和缺点。这样有助于照出自己的原形，从而认清自己。

当然，剖析自己的方法不止如此，个人可以根据自己的实际情况，采取更合适的方法，对自己有一个相对真实的认识。

 ## 他们让我"原形毕露"

为了客观认清自己,我曾请人对自己进行客观评价,请他们做我的镜子,毫无保留地照出我的原形。

廖开良是我的同事、好友,他直言:"唐仓健,你很单纯,对人很热情,但是一张热脸常常贴到冷屁股上,就成了幼稚。你一点也不成熟,要学会察言观色,掌握一些为人处世的技巧,例如……"

工会潘主席是个老革命,据说在部队当过团长。潘主席是我的忘年交,他说:"小唐啊,你很不错,有思想有胆识,敢说敢干,将来一定……"

教委人事股长李成全老师相当会为人处世,也是我的忘年交,他讲:"唐仓健,你是个思想前卫、作风新潮的人,在大足这个古城人们觉得你稀奇古怪,因此你不适合在落后地区待,你应去先进地区发展,在那儿你会如鱼得水,更有发展空间!"

我的老板,重庆市第六届台商协会会长陈一笙董事长曾对我说:"唐总,你虽不是什么硕士、博士,但是你的实际综合能力一点也不比他们差,有些地方还要强,这正是我提拔重用你的原因,不过你需要……"

我想,我能够从幼稚到成熟,取得一些进步,离不开这些朋友、长辈、领导和老板的真诚帮助,是他们像镜子一样让我"原形毕露",我才知耻而后勇!

自用之才去创业，他用之才去就业

人才分为自用之才和他用之才两种类型。何谓自用之才？即自己当老板，自己安排、管理、监督和使用自己及他人，开创属于自己的事业，自己承受可能存在的各种投资经营风险，同时也享有可能获得的各种回报。所有的创业者都是自用之才。

何谓他用之才？他用之才就是自己不创业，而是帮助他人创业，被他人安排、管理、监督和使用，拿别人的薪水给别人打工，收入一般比不过当老板的，但也比较稳定，不用承受较大的风险。打工者属于他用之才。

自用之才适宜创业，他用之才适合就业。了解自己是哪一种人才，对就业择业有非常大的指导作用。自用之才如果给别人打工，被人使用，被人约束管理，会倍感压抑，郁郁不得志，自己也不会满足于打工那点收入，早晚必"揭竿而起"自己创业当老板！他用之才如果盲目创业，拼尽全力，也看不见成功的未来，越创业越发现自己的性格、能力、情商等方面不适合创业。这样的人在现实中不少，他们不可谓不努力，不可谓不拼命，但结果还是以创业失败而归。

那么，如何判定自己是自用之才还是他用之才呢？下面是一个简单的测定方法，只需如实回答即可：

1. 大多数人都认为值得抓住的机会，不是我最应该去做的事情；大多数人都不认为值得做的事情，才是我应该用心去做的事业。

A.是　　B.否　　C.不清楚

2. 其实天底下好多事情都是那些所谓的"傻子"、"痴人"、"狂人"、"怪人"、"疯子"、"愚公"等做成功的，而不是那些所谓的聪明人。

A.是　　B.否　　C.不清楚

3. 对未知的事情做决策时，事实上大多数人的观点都是错误的，只有极少数人才是正确的。

A.对　　B.错　　C.不清楚

4. 我是一个有野心的人，宁愿冒着失去现在拥有的积蓄、好工作、稳定收入、房子、车子等风险，不怕被讥讽嘲笑，不怕一个人独自上路，不怕一切困难去实现自己的人生理想。我是这么想的，也是这么做的。

A.是　　B.否　　C.不清楚

5. 别人常常说我的心很大，给人的感觉总是异想天开、不切实际，喜欢特立独行和冒险，可是我不这样认为。

A.是　　B.否　　C.不清楚

6. 我的内心常常是孤独的，没有多少人能理解我，这是因为当别人不明白时我明白了，当别人不敢行动时我已行动了。

A.经常这样　　B.从不这样　　C.偶尔这样

7. 我希望不受人约束监督，自由自在地过日子，做我自己选择的事业，即便失去拿高薪的好工作和终身丰厚的福利待遇也无所谓。

A.是　　B.否　　C.不清楚

8. 我希望拥有不错的工作和稳定的收入，过上衣食无忧的平常生活。

A.是　　B.否　　C.不清楚

9. 如果有机会，我非常渴望考上公务员或进入银行、电信、电力、外企等高收入高福利的单位工作。

A.是　　B.否　　C.不清楚

10. 我喜欢去网吧上网、打电子游戏或上QQ聊天。

A.经常是这样　　B.很少是这样　　C.偶尔是这样

11. 我经常关注招聘求职，希望有机会找一份好工作。

A.经常是这样   B.很少是这样   C.偶尔是这样

12. 我做事总是讲究稳妥，绝不会去干没有把握的事情。

A.对，我总是这样   B.否，我从不这样   C.视情况而定

13. 我喜欢有规律的工作和生活，我认为人生平平淡淡才是真。

A.是   B.否   C.介于两者之间

14. 丰功伟业都是那些与众不同的伟大人物去完成的，不是我们这些普通人做的。

A.是   B.否   C.不清楚

15. 我有一个远大的但不知道是否正确的目标，也不知道将来能否实现，但我打算为之奋斗一生，即便倾家荡产也要赌一回，没有任何人任何困难能够阻止我。

A.否   B.是   C.不清楚

16. 我认准了的事情就要坚持干下去，即便所有人都反对，即便只剩下自己一个人也要坚持到底。

A.否   B.是   C.不清楚

17. 我不但有极强的自我控制能力，还能管好一个团队。

A.否   B.是   C.介于两者之间

18. 对于自己选择的事业，我不一定都要会干，只要能带领大家一起干就行。

A.否   B.是   C.不清楚

19. 我是一个长期拥有激情和热情的人，我不但自己能如此，还能长期激励大家如此，带领大家一起去实现目标。

A.否   B.是   C.介于两者之间

20. 如果实在找不到工作，我就另谋出路。

A.否   B.是   C.不清楚

21. 我最爱看的电视节目是时事新闻和财经。

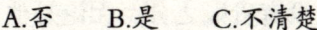

A.否　　B.是　　C.不清楚

22. 我感觉我的性格突出，个性鲜明，思想独特，非常自信，目标远大，常常与众不同，以致招来别人说长道短。

A.否　　B.是　　C.介于两者之间

23. 后来的事实总是证明我之前眼光独到，与大家不一样，看问题具有前瞻性，做事具有超前性，而不是像某些人一样常常在事后才放马后炮。

A.否　　B.是　　C.介于两者之间

24. 我渴望建功立业，平时对一切驭人之术非常感兴趣，希望这辈子能够功成名就，做个了不起的大人物。

A.否　　B.是　　C.不清楚

25. 我看问题习惯性地先从宏观再到微观，先大后小，先粗后细，我认为自己更善于做宏观层面的东西，不善于做细节。

A.否　　B.是　　C.介于两者之间

参考答案及计分评估：

第1~7题，每回答一个A得0分，回答一个B得10分，回答一个C得5分。计____分。

第8~25题，每回答一个A得10分，回答一个B得0分，回答一个C得5分。计____分。

总计为_____分。

如果你的得分在100~250分，说明你是他用之才，适合就业。如果你的得分在51~99分，说明你介于他用之才与自用之才之间，你对自己的人才属性认识还有待清晰，是选择就业还是创业需要慎重。如果你的得分在0~50分，说明你是自用之才，适合创业。

当然，劳动不分贵贱，人才类型也没有贵贱之分。无论是他用之才，还是自用之才，都是有价值的人才，无论是诸葛亮还是刘备，都能取得属于自己的成功，关键是要弄清楚自己是属于哪一类人才，从而正确定位，选择更适合自己发展的人生道路。

大学生其实是待驯的"野马"

自己眼中的你，往往并不是别人眼中的你！在你的潜意识中，你以"千里马"自居，然而换一个方位看自身，用就业市场这面镜子照照自己的原形，作为大学毕业生，你其实是待驯的"野马"！

也许大家并不知道，在社会上，在企业老板、上司和老员工的心目中，有为数不少的大学毕业生，心高气傲，要求颇高，条件颇多，却没有实际工作经验，也不具备为企业创造立竿见影的价值之能力。

许多大学毕业生并不明白，企业要把"野马驯服"，训练成一匹有用的"战马"，是颇费时间、人力、物力和财力成本的。况且，如果训练好了，说不定他马上就离职了，并不能够为培训者所用，让企业的投资打了水漂。另外还有一种可能性，那就是也许他并不是一棵好苗子，企业即使发善心，愿意冒风险培养他，也不一定能将他培训成功，企业也会有损失。

培养、培训新职员，对老板和企业来说有这么大的风险，费力却不见得讨好，很多新人并不明白这一点，也不愿意承认这一点。离职时，自己的能力和刚来企业时已有大大的提高，却并不懂得感恩，有时候还会抱怨企业，报怨老板和上司对自己"不公"。因为他们并不明白是企业给了自己一个平台，并教会了自己，让自己学到了本事，提高了能力。

一个人若要在广阔的就业市场中立足，成为纵横驰骋的"千里马"，就必须赢得市场对你的认可。自己说好不算好，别人说你好才算好。你真正的市场价值，不是自我确定的价格，而是被社会承认并买单的成交价。著名的中央电视台 "百家讲坛" 讲师王立群教授，在深入研究中国古代历史上众多成功人士后认为："一个人的人生要成功需要四行，一是要有人说你行；二是说你行的人要行；三是自己本身要行；四是自己身体要行。"他说一个人自以为是，自己认为自己行是不行的，要通过实践证明，要他人认为自己行，要社会承认自己的价值才行。

在经过10多年正规的传统教育之后，终于大学毕业了，学位服、学位帽加身，儒气十足，还有多少人愿意承认自己是一匹 "野马" 呢？但是，在就业市场上，在社会上人们的眼中，你却是不折不扣的 "野马"，至少是 "野性" 不少，有待用职业化的规范加以好好 "驯化"，有待用专业的手段好好策划，你才能成为有实用价值的 "战马"，成为最稀有的 "千里马"，甚至成为令人惊奇的 "黑马"！

老师眼里的好学生≠老总眼中的好员工

在就业市场上，工作所需要的能力和学生时代读书所需要的能力是有天地之别的。学生时代以分数论高低、分胜负，主要需要考试拿分数的能力；而工作以后，靠的是多方面的综合能力或 "独门绝技" 分胜负！只要能将事情办好，将人际关系处好，解决实际问题，创造真实价值，就是赢家。一个人在学生时代没有机会充分体现出来的诸多能力，比如行动力、创造力、谋略、创意（奇思妙想）、情商、财商、口才、为人处世、吃苦能力、适应能力、应变能力、意志力等，在工作中都是克敌制胜的法宝，而考试拿分数的能力在工作中几无用武之地，显得苍白无力。

事实上，老师眼里的好学生≠老总眼中的好员工。老师眼里的好学生基本上都是考试分数高的人，偏重于智商高；而老总眼里的好员工却是好用、管用、使用成本实惠、对企业忠诚、工作责任心强的人，更看重实际能力、实用性和情商。进入社会后，"评委"由老师变成了老总，原来被视为好学生的人，不能在原来的成绩上睡觉，进入社会后需重新调整心态，放下架子，继续努力才能从老师眼中的好学生转变成老总眼中的好员工！原来被视为普通学生或"非好学生"的人，很多人后来都成为好员工，所以不必因过去稍差而自卑，现在重新洗牌且"评委"改变后，每个人都充满机会和希望！

工作后，同事≠同学，单位上的同事和原来学校里的同学完全不一样，同学之间没有经济利害关系，而同事之间却存在十分明显的经济利害关系和激烈竞争，办公室里那个空缺的升职加薪的席位，自己坐了，就不会再有他人的位置，别人就失去了那个好机会。在学校里，同学和老师都是讲情重义的人，而社会上的人，即使是同事、老乡和朋友，也未必靠得住。在社会上与人打交道十分不简单，需要圆滑和世故。与自己打交道的人，可能同时也在暗地里盘算着如何对付自己！尽管不是每个人都这样，社会也不完全是这样险恶，但我们不得不防着点。所以要立足于凡事靠自己，要有求人不如求己的思想准备。

心态归零不等于零

对于没有工作经验的大学毕业生，不少人往往不是容易自高自大、自以为是，就是难免不够自信，有自卑心理。其实两样都不对，正确的做法应是为自己心灵的"仓库"腾空地方，在心态上清零，从新开始、从零开始，以归零的心态去迎接就业挑战！心若满了，还有什么可以装得下？什么都装不下了，还有什么希望？一个人心中若被自我充满了，目中就自然无人！目中无人自然就是孤家寡人！

水因善下而为海，海能卑下众水归。就业亦是同样的道理，要放低姿态，调整心态，以归零的心态去开始新的挑战，才能更好地取得进步。如果我们抱着高高在上的心态，就会徘徊不前，被人远远抛在后面。清朝时期，中国自诩为世界中心、中央帝国，闭关锁国，不虚心学习他国之长，结果招致被列强侵略欺负。这就是由于摆不正位置，心态高高在上造成的。邓小平号召国人实事求是，放低姿态，摆正心态，承认自己的不足。正因为自己不足，所以才要改革开放，就要向发达国家学习。改革开放的伟大成就证明了小平同志的英明和伟大，也说明了一个国家只有摆正位置，虚心学习，奋发图强，才能取得进步。同样的道理，作为刚踏入社会的新人，我们亦必须摆正位置，调整好心态，不能以天之骄子自居，否则亦会付出过高的代价！

其实，我们谁也不是真正的天之骄子，亦不能像在家里当"小皇帝"一样目中无人，自私自利，始终以自我为中心。因为现在不再是在家里，而是在社会上，没有人会宠着你，大家都是竞争对手，都曾是自己家里的"小皇帝"，"皇帝"对"皇帝"，谁怕谁呀？谁让谁呢？现在的大学生那么多，"小皇帝"那么多，竞争那么激烈，凡是不能摆正心态，以"小皇帝"、"骄子"自居者，都会因"娇骄"二气，遭受重大的打击和教训，早期就业也必定以短命的失败经历而告终！

现实生活中，不少人开口自己过去怎么了得，闭口自己毕业于某某名牌大学，文凭有多高，获得过什么学位，以过去的"业绩"来炫耀自己，这是不正确的心态。新的时代已经到来，时间变了，环境变了，员工变了，主管变了，老板变了，规则统统变了，一切已经重新洗牌，我们得跟着变，必须变得和新环境相适应，否则，不是我们淘汰它，就是它将我们扫地出门。不要再沉湎于历史，历史只能说明过去，并不能说明现在和将来。无论过去考试分数高低，无论是否曾获得过奖励，成功也好，失败也罢，过去的已经过去，统统不再重要，重要的是把握好现在，创造美好的未来。过去优秀不等于现在新的工作也优秀，过去不优秀不等于现在和将来就不会变得优秀。

  美国著名心理学家马斯洛曾说过："心若改变，你的态度就跟着改变；态度若改变，你的习惯就跟着改变；习惯若改变，你的性格就跟着改变；性格若改变，你的人生就跟着改变！"拿破仑·希尔博士非常著名的17条成功定律当中，把"要有积极的心态"放在所有成功定律之首，连一切行动的"总指挥"——"明确的目标"也只能屈居第二位！这位世界上最伟大的成功学大师一针见血地指出：心态是命运的控制塔，心态决定我们人生的成败！

  由此可见，心态归零并不等于零，恰恰是一个人成功的总源！态度决定一切，心态决定成败！

  心态是最关键的，然而心的历练却是最艰难的！拿破仑·希尔博士花20年时间，在研究了20世纪人类最伟大企业家福特、美国著名总统罗斯福、大发明家爱迪生等504位当时最成功人士后发现，是保持积极乐观的心态，还是保持消极悲观的心态，人与人之间其实只有很小的差别，但却因此往往造成巨大的差异！很小的差别就是心态是积极还是消极，巨大的差异就是成功与失败！

  他认为，我们生存的外部环境，也许不能选择，但另一个环境，即心理的、感情的、精神的内在环境，是可以由自己去改造的。他说积极的心态包括诚恳、忠诚、正直、乐观、勇敢、奋发、创造、机智、亲切、友善、积极、向善、向上、进取、努力、愉快、自信、自勉和有安全感等。

  他认为，成功的不一定都是企业家或领袖人物。成功，是指方方面面取得的成功，其标志在于人的心态，即积极、乐观地面对人生的各种挑战。一个人如果在一生中都不具有积极的心态就可能深陷泥潭，不能自觉，不能醒悟，不能自拔，当你发现身处困境时，机会已经失去。这种败局，不仅限于事业的失败，还包括人生中为人处世的失败、心理情绪的失败、婚恋家庭的失败、人生感受的失败等。总之，凡人生感受不如意，不幸福，都可视为人生的失败，这些失败多半源于我们与生俱来的弱者的消极心态。

拿破仑·希尔博士告诫我们，如果能够调整心态，改变处事方法，就可以避免或扭转败局，甚至可以成为推动事业成功的伟人和把握幸福人生的智者。人成功不是指拥有什么权力、财富等，而是指究竟做了些什么。一个人如果能够每天在一点一滴的努力中去实现自己的目标，就可以帮助和影响他人，就算是一种成功。成功其实等于每天进步一点点！

明确的目标是成功的开始

不知你是否有过这样的感受，即初次去陌生地方，去时感觉路程较长，而返回时则感觉路程短了不少，这是为什么呢？是因为我们去时完全陌生，不认识地标，如山峰、河流、道路、桥梁等；也看不到终点，产生恐惧和遥远感，而返回时由于有熟识的地标做指引，目标在望，当然感觉轻松愉快，感觉路近了不少！

同样的道理，探秘完全陌生的就业道路时，亦需要有终极目标和沿路的分段地标。几乎所有的成功者都是有明确目标的人。当初订立了明确目标者，比没有明确目标者，成功的几率要大得多，目标越明确的人，越容易成功。有不少成功者，回首自己的奋斗历程时惊讶地发现，当初自己订立的目标，后来居然都逐渐实现了！这甚至是自己当初想都没有想到的！

目标能够让我们看清自己的使命所在，有目标，才会有方向。只有订立自己的终极目标，才知道路在何方，该怎么走。目标是奋斗的依据，也是追求成功的真正动力。有远大的目标，才能取得伟大的成就。高尔基说，一个人追求的目标越高，他的动力就越大。毛主席在青少年时就立志道："男儿立志出乡关，学不成名誓不还。埋骨何须桑梓地，

人生无处不青山。"周总理同样在青少年时，就立志为中华之崛起而读书，并写有立志诗："大江歌罢掉头东，邃密群科济世穷。面壁十年图破壁，难酬蹈海亦英雄。"两位伟人之所以能够成就推动历史进程的丰功伟业，正是因为他们有远大的人生奋斗目标。

一个人如果没有明确的人生目标，就像无根的浮萍、没有航向的小舟一样，任由风浪摆布，随波逐流，到头来日子却过得浑浑噩噩，不知所终，真是可怜、可悲、可叹。反之，如果一个人有了远大的目标和高尚的追求，就会像一列开足马力的火车，动力十足，即使历经千辛万苦，也会披荆斩棘，百折不回！

 哈佛大学关于目标的调查

哈佛大学有一个非常著名的关于目标对人生影响的跟踪调查。调查对象是一群智力、学历、环境等条件差不多的年轻人，调查结果发现：

27%的人没有目标；

60%的人目标模糊；

10%的人有清晰但比较短期的目标；

3%的人有清晰且长期的目标。

25年的跟踪研究结果表明，他们的生活状况及分布现象十分有意思。

占3%的有清晰且长期目标者，25年来几乎不曾更改过自己的人生目标，他们朝着同一方向不懈地努力。25年后，几乎都成了社会各界的顶尖成功人士，其中有不乏白手创业者、行业领袖、社会精英等。

占10%有清晰短期目标者，大都生活在社会的中上层。他们的

共同特点是，那些短期目标不断被达成，生活状态稳步上升，成为各行各业不可缺的专业人士，如医生、律师、工程师、高级主管，等等。

占60％的目标模糊者，几乎都生活在社会的中下层面，他们能安稳地生活与工作，但都没有什么特别的成绩。

剩下27％的是那些25年来都没有目标的人群，他们几乎都生活在社会的最底层，生活过得不如意，常常失业，靠社会救济，并且常常都在抱怨他人，抱怨社会，抱怨世界。

由此可见，明确、清晰且长期的目标是成功的首要条件，是成功的开始！对于就业者而言，模糊的目标，不准确的定位，犹豫不决的选择，志趣和专业的冲突，焦灼、无所适从或者随波逐流的心态，将埋下求职隐患。如果对职业没有清晰的策划，你也许永远也不知道今后的路该怎么走。

刚踏入社会的求职者都很年轻，还是新人，人生是一张白纸，你对目标的选择以及订立，决定了你的人生，拥有主动权和选择权，但是你没有后悔权。

听从心的指引

虽然知道明确的目标是成功的开始，但要找到人生的确切目标并不是那么简单。检查一下我们是否已经有一个目标了？我们内心真正的呼唤是什么？想要些什么？敢要些什么？希望什么？梦想什么？

真正的奋斗目标，其实就是我们内心深处最真实的渴望和欲望，甚至是儿时的幻想，是自己的，而不是别人的，也不是别人强加给我们的，更不是别人为我们设计的！具体来讲，这个目标可以是希望在繁华的都市里拥有属于自己的房子车子，可以是渴望拥有美好的爱情和温暖

幸福的家庭，可以是打算创建属于自己的公司，梦想财源滚滚，也可以是盼望建功立业，想著书立说，或者仅仅是想好好报答父母的恩情、想为社会做点奉献。

如果有这些目标，就大胆地说出来，至少是对自己说出来，并铭记于心！听从内心的指引，聆听内心深处的声音，看看心底是否有深埋的渴望正在苏醒，可能一直以来我们忽视了这个渴望。内心的声音永远是真实的，它表明你内心深处的向往，并提供你实现这些向往的动力。如果我们找出上述问题的答案，并把它当做自己的追求，那么就找到了自己真正的奋斗目标。年轻人可能要经过几次失败的尝试和困境，才能最终发现人生的真正目标。

"没有做不到的，只有想不到的"，扪心自问，自己梦想什么，自己希望什么，自己盼望什么，只有敢想敢做的人才能成就自己的梦想。

 心怀天下，就能"汇通天下"

清代有一个人叫乔致庸，他出身晋商世家，自幼父母双亡，由兄长抚养长大。他淳厚好学，本欲通过科举考试踏上仕途之路光宗耀祖，然而由于兄长病故，不得不放弃学业而继承祖传商业。中国历来重农轻商，商业发展缓慢，尤其是货币的发展，落后于西方很多。商人们去各地做生意，都必须带又重又易被土匪打劫的银锭，不仅危险系数大，而且极不方便。

年轻的乔致庸亲自体尝了这一痛苦之后，打内心里排斥这种做法，决心一反传统，实现"汇通天下"的宏伟目标，让人们用轻便安全的银票替代笨重而又危险的银锭，可以在全国各地自由存取汇兑。

但就是这个当时看起来比登天还难的事情，乔致庸硬是冒着杀头的危险，历经牢狱之灾和无数次商战险恶，不惧晚清官府的万般阻扰和迫害，克服竞争对手千万百计制造的障碍，敢想勇为，一生执著奋斗，终于实现了自己"汇通天下"的雄心壮志，成为富可敌国的超级大富豪，演绎了一个精彩绝伦的商界传奇！

刚走出校门的年轻人，追求自己的人生目标，就怕不敢像乔致庸那样去敢想敢做。如果你听从心的指引，敢实践，敢担当，那么年轻的你，前途不可限量！

《我的明确目标》

现实生活中，大多数人是在无意识地、被动地生活。只有当他们陷于无意义的工作或无出路的生活窘境时，才会问自己一个关键问题："我的人生目标究竟是什么？我该怎么办？"

人无远虑，必有近忧，如果只有实在走投无路时才想办法，那么你注定是一个失败者。

 ### 李小龙的明确目标

1969年，李小龙在一张8英寸宽、10英寸长的便笺上写下：

我的明确目标

我，布鲁斯·李，将会成为全美最高薪酬的超级东方巨星。作为回报，我将奉献出最激动人心、最具震撼性的演出。从1970年开始，我将会赢得世界性声誉；到1980年，我将会拥有一千万美元的财富，那时候我及家人将过上愉快、和谐、幸福的生活。

这张小小的便笺在当时并没有引起人们的关注，便笺上的豪言壮语也根本没有人相信。因为这个时候的李小龙尚未出名，正处于一生中的艰难时期，如果他将目标公布出来，只能令人认为他是痴人做梦，成为好莱坞一则笑料。

1993年，在美国加州举行的"李小龙遗物拍卖会"上，《我的明确目标》便笺竟被收藏家以高达2.9万美元的高价买走；同时2000份获准合法复印的副本也当即被抢购一空，致使拍卖会的主持人大叫："这就是叫你以后有必要把想到的事情马上写下来的原因所在！"

尽管李小龙璀璨的生命像流星一样短暂，但他仍取得了极其辉煌的人生成就，不但实现而且还远远超出了他当初订立的明确目标，他不仅是全世界著名的超级巨星，奉献出了"最激动人心、最具震撼性的演出"，还被美国著名的《时代》杂志评为20世纪全人类100位英雄与偶像之一，被世界武术权威杂志《黑带》评为全世界七大武术家之一，被日本人尊为"武圣"。

李小龙的成功证明了一位先哲的话，即成功的人都是相似的（如都有明确的目标），而不幸的人则各有各的不幸。是的，成功者李小龙就是像许许多多其他的成功者一样，不仅订立了自己明确、具体、量化的目标，而且还勇敢地把它写了出来。对于就业者而言，若要想成功，亦应如此。

订立求职目标的七个要点

第一，给自己订立一个清晰的大目标，也可以说成是总目标、长期目标、终极目标。例如：我要在10年之内购买一套二室二厅的商品房和一辆品牌小轿车。

第二，为了实现大目标，要给自己订立数个清晰的小目标，也可以理解为子目标、分段目标、短期目标。小目标是较高的，跳一跳才能够得着的短期量化目标。例如：我要在一年之内挣足5万元。

第三，订立目标一定要量化（数据化），或者说要具体化。例如：李小龙在《我的明确目标》中所写的"从1970年开始，我将会赢得世界性声誉；到1980年，我将会拥有一千万美元的财富"，就有非常具体的时间和数据。

第四，订立目标要合理，切合实际，避免过度自我加压，苛求自己，防止常常因心有余而力不足导致失败，并诱发抑郁症、自闭倾向，保持健康快乐的情绪。

第五，要将目标写出来，并以此提醒自己。要把这个目标和措施作为第一要务，并将任务和实施计划写在纸上，放在时时可以看到的地方以时刻提醒自己克服懒散的情绪。

第六，可以公开自己的目标，找人监督，建立惩罚和激励措施。例如：达到目标就请客K歌。

第七，订立目标要专一，要克制自己的行为，不要因为其他事情而影响、忘记或耽误当前任务的完成，全力以赴，快速完成当前任务。

定位决定就业成败

很多大学生在就业择业的过程中，往往参照社会对职业的认知度来给自己定位，一味追求高薪、热门、体面、稳当的工作，概括成一句话就是："外企银行公务员薪水高，白领银领金领体面又时尚，饭碗稳当工作轻松环境好！"为了实现这些目标，大家倾巢而出，挤破头皮也要去进行一轮又一轮的PK，乐此不疲。然而，大量案例表明，大学生们在求职时往往没有正确地评估自己，求职时无的放矢，面试时毫无准备，就业之路越走越泥泞！这是一个非常值得关注的普遍问题，已经成为当今大学生求职路上最大的一道坎！

究竟是什么原因造成了这个问题呢？又该如何翻过这道坎呢？

造成问题的原因是缺乏就业定位或定位不正确。我们应该在知己知彼的前提下，对自己的情况进行理性、客观的SWOT分析，然后对自己的人生和就业做出正确的定位。

一个人能否取得成功，定位十分关键。打出去的导弹如果定位不准，就会偏离目标，同样的道理，对未来进行职业规划，对人生之路进行策划时，如果不善于给自己准确定位，找到并形成自己占优势的、区别于他人的定位，就很难在社会上立足！要尽量避免定位混乱、定位过度、定位过宽或定位过窄的情况。一旦确立了正确的定位，自己必须通过努力来维持定位。

人生不足百年，我命由我不由天，我们应该做自己命运的主人，主动掌握自己未来的人生，为此，就要主动定位，定位得当！

主动定位，就是要"集中优势兵力打击敌人"，重点利用自己的优势资源，打造自身独特的地位与不可替代的价值。如果定位得当，就能充分发挥自己的长处，避免自己的短处，用自己的长处去和别人的短处竞争，取胜的几率就很大；否则，用自己的短处去和别人的长处比拼，"鸡蛋碰石头"，其难度可想而知，失败的可能性就会被放大！

 ## 用自己的长处去和别人竞争

笔者在深圳做过鞋厂QC、后勤、办公室文员、秘书、人事、助理等工作，没有一项工作是成功的，几乎每一份工作都做不长久，少则一两个月，多则五六个月，不是我被炒了鱿鱼，就是自己实在干不下去了被迫走人。经过多次跳槽，依然没什么起色，感到自己相当失败。由于屡遭挫折失败的打击，原本就有的自卑心更加严重了，我的人生到了非常危险的境地：要么从绝境中扭转获得新生，

要么跌入万劫不复之地！

我不甘心，也不愿意认命，开始寻找失败的根源，发现自己工作了那么久，从来就没有好好策划一下自己的人生和职业，没有对自己进行正确的定位，常常是听说什么好就去做什么，能找到什么工作就去做什么工作，像一只无头苍蝇，到处乱闯，碰得头破血流！我从前所做的工作，都没有用到自己的长处，尽管一直踏踏实实地干，但是和别人相比毫无优势可言，感觉非常吃力！

痛定思痛，我决定把自己的优势利用起来，用自己的长处去和别人竞争！重新客观地审视自己之后，发现自己除了身体强壮、敢闯和爱好写作外，没有什么优势和长处。和同事比起来，我反应迟钝，自己不适合做需要快速反应的工作，但我考虑问题比较缜密，反应慢，思维却较为灵活，思想前卫，较有前瞻性，逆反思维较强，常常有别人觉得很新奇的"奇思妙想"或"点子"，这就说明我在策划创意方面有一定的优势，再加上我爱好文学，喜欢写作，相对而言文笔较好，也适合做策划、文案、创意等方面的工作。当时策划创意方面的人才在职场上很稀缺，工资收入相当高，于是，我将自己重新定位为策划人。

但由于我没有经验，没有做过实际的策划工作，应聘了很多家广告公司、营销策划公司，都失败了。最后，我对招聘的人说，只要给我一个做策划的机会，再低的工资待遇我也愿意干。终于，四川美院海伦广告公司，同意以400元/月的极低工资待遇，让我去试用。

进了海伦广告，我如饥似渴，边干边学，边学边干。半年后我学有所成，做了几个漂亮的策划案。在要求老板加工资未果后，便跳槽到了另一家公司，涨薪又升职，当上了策划部经理。从此，我在自己喜欢且适合的策划创意道路上，一路轻松愉快地走过来，从

一个普通员工，一步一步地晋升到外企总经理的职位。

回首自己走过的坎坷就业之路，我想对后来者说，在人生最黯淡凄惨时，必须要重新策划定位，整合自身的优劣势资源，扬长避短，改变自己的命运！

差别化定位，以己之长VS.他人之短

前面我们通过搞清楚"我是谁"，调整心态，找准定位，其实就是在对自己进行非常详细、客观、科学的SWOT分析，发现自身的优势、劣势、机会点和威胁点。知道自己的优势和劣势，也发现了自己的"命门"（问题点、威胁点）与希望所在，就要守住自己的"命门"，以己之长VS.他人之短，防守反击，扬长避短，自当立于不败之地。

比如别人品貌气质俱佳，身材好，"海拔"高，而自己这方面的个人条件很不突出，那么在找工作时，自己就不要和别人竞争什么"形象代表"、"空姐"、"公关"、"秘书"、"迎宾"等"美丽工作"，因为很显然是别人占优势，自己处于劣势，如果以己之短去和别人的长处硬拼，结果可想而知。但如果你像我一样，脑子比较好使，思想意识前卫，思维发散，点子多，文笔好，知识面广，那么竞争"广告策划"、"营销企划"、"文案"、"文员"等职位，也许就会胜人一筹。

又如，别人口才好，社交能力强，但技术不行，会说不会做；而自己性格内向，不健谈，不擅交际，但长于技术，心灵手巧，是一个能做事的人，那么在求职时，自己就要和别人区隔开来，应该努力去寻找常用到自己长处的工作，如技术员、工程师、设计师等，别去应聘那些常常要用到自己短处的工作，如公关经理、销售经理、置业顾问、客户主管等，哪怕你非常喜欢那样的工作，或是觉得它很热门，工资高，面子上很光彩等，也不要去。不要人云亦云，随大流儿，要有自己的主

见，适合自己个人特色的，以己之长VS.他人之短的工作，才是最好的工作。

也许有人会说，我没有什么长处，别人也没有什么短处，没有机会以己之长VS.他人之短。其实不然，不是你或者他没有，而是没有发现。这个世界上没有人是完人，也没有人是一无用处之人，比如眼睛失明的人，听觉就往往胜过常人。只要我们善于对自己进行SWOT分析，用心研究自己和对手，既深入细致，又客观科学，总会发现自己的长处和别人的短处，以己之长VS.他人之短，取得竞争的胜利，在职场中是一定大有机会的。当然，还需注意的是，年轻人往往攻击性很强，而防守意识却薄弱，若能攻守兼备，注意平衡，胜率会更高。

一个微软新员工的新定位

1994年，一个中国留学生，去美国西雅图微软公司总部面试，他闯过了"八关"，终于被聘为一名普通的软件工程师。微软是天才扎堆的地方，在数万名员工中，他是一个不折不扣的小人物。原本以技术见长的他，在微软公司总部却处在"凤尾"位置，在技术上和众多天才同事竞争，根本不是他的强项，他可能会被淘汰，就算多年以后杀出重围，也顶多是一个高级软件工程师。

于是，作为刚入职的新人，他决定给自己一个新的定位，即要进入微软的管理层。

但是微软有几万名员工，按部就班地干，他不知道自己何年何月才能够升入管理层，才能真正学到自己想学的管理知识。他想创新开发一个模板，从根本上改变Windows系统在推出多语言版本时需要进行二次开发的问题。如果成功了，那么公司一定需要一个新团队来做这件新鲜事。模板是他创新发明的，谁最适合领导这个开

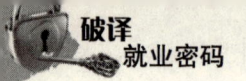
发团队呢？自然就是创新者本人了！

经过4个多月的艰难研究，他创新的Windows系统多语言版本模式终于研制成功。他从普通软件工程师当上了经理，管理一个20人的团队，他们的职责，就是教会微软3000名工程师按照他创新开发的模式进行编程。

别小看这小小的一步，作为刚入职微软不久的新人，他在新定位下，从天才扎堆竞争极其激烈的微软公司数万名员工中脱颖而出，从被管理者成功转变为管理者，实现了人生的一次飞跃与质变。后来，沿着这条道路，他一步一步升职加薪，最后做到了微软中国总裁。迄今为止，在微软公司历史上，他是第一位，也是唯一一位两次获得微软公司的最高荣誉——"比尔·盖茨总裁杰出贡献奖"的人。

他就是被网友称为"中国史上最牛打工皇帝"的唐骏，中国第一职业经理人。唐骏说，很多人问他在微软的成功靠什么？他说他在不断地进行创新。他认为"创新"和"差异化"两大定位策略，是他面对激烈竞争获得成功的晋升法宝。

虽然唐骏从一个求职者到职业经理人、"打工皇帝"的过程中，出现了诸多问题，抛开他备受争议的学历、诚信等问题，我们这里主要探讨唐骏求职就业过程中所使用的巧计和妙计。

从唐骏身上可以看出，刚进入微软公司总部时，作为新员工的唐骏发现自己面临全新的挑战，原本自己的长板在高手如云的微软已经成为短板，若不改变竞争策略，按部就班下去自己没有什么前程可言。聪明的唐骏来了一个新人新定位，成功地走上了辉煌的职业之路。作为就业新人的我们，是否也可以借鉴一下唐骏的就业竞争策略呢？

◎ **就业链接** ◎

十大黄金定位策略——新手定位参考

黄金定位策略一：先调查，后定位

分析目标市场的现状，搞清饱和度如何，还需要什么样的人才，竞争对手是如何定位的，针对竞争者的定位和潜在的真正需要，自己能够做什么……定位只有建立在知己知彼的基石上，成功的高楼大厦才不会倾塌。先调查，后定位，是定位的首席策略。

黄金定位策略二：走差异化路线

社会是丰富多彩的，需要的人才也是多种多样的。定位就如同"八仙过海，各显神通"，不必与别人雷同，走差异化的"过海"路线，比如可采取知识差异化、能力差别化、体力个人化、情商区别化、经验不同化、形象特征化、人品品牌化等，形成与他人不同的且有价值的定位，快速打开竞争局面，是成功达到彼岸的黄金策略之一。

黄金定位策略三：以优对劣，以强对弱

在进行定位时应慎之又慎，要对就业市场进行细分，研究竞争对手的定位和优劣势，并对自身进行优劣势分析，通过反复比较和研究，找出最合理的突破口，"集中优势兵力打击敌人"，形成自己占优势的、独特的定位。简单地说，就是以优势对劣势，以强项对弱项。

黄金定位策略四：人无我有，人有我精，领先一步

人的一生其实就像企业经营产品一样，在营销自己的命运。在与对手进行竞争时，采用人无我有，人有我精，人精我变，人变我转等与对手明显不同，并领先一步的策略，将有助于自己获得胜利。

黄金定位策略五：采取"不对称作战"，他做他的，我干我的

力图避免与实力最强的或较强的对手直接产生竞争，而将自己定位于另一区域内，使自己在某些特征或属性方面与最强或较强的对手有比较显著的区别，从而获得竞争的胜利。比如敌军擅长打阵地战，那我军

就和他打运动战；敌军擅长正规作战，那我军就和他打游击战，尽量不和敌人的强项硬拼，而让敌人无奈地以其短处和我军的长项过招。在实际就业生活中，只要采取不对称竞争定位策略，他做他的，我干我的，我们就能够获得胜利。

黄金定位策略六：迎头"亮剑"，挑战权威

当自身的实力足够强大时，为占据较佳的位置，迎头"亮剑"，不惜与占支配地位的、实力最强或较强的竞争对手，勇敢地发生正面竞争，从而使自己进入与对手相同的区域，达到平起平坐，甚至是超越的目的。这种定位策略适合自身能力较强、条件优越的人使用，优点是在竞争的过程中，往往相当引人注目，易于快速达到目的。但是其弊端也很明显，具有很大的冒险性，一旦失败，结局往往很悲惨。人年轻的时候往往自视过高，自不量力或量错了力的情况相当普遍，建议新人一般不要采用此定位策略，不要急功近利，急于求成。

黄金定位策略七：创新定位

求职者大多都是社会新人，"新"是我们的"注册商标"，创新是以新胜旧的优势！寻找新的尚未被占领的，但在社会上很有需求的职业位置，填补社会的空缺。对于新人来说，崭新行业的机会肯定比古老行业的机会，要多得多。从学校毕业进入社会后，我们的竞争对手，不仅仅是同学或同龄人，还有已经先于我们在社会上干了很多年的老中青数代人，他们先下手为强，早已经占据了有利位置，并拥有优势资源。这场竞争本就不在同一条起跑线上，没有公平可言。作为新人，在同一条新起跑线上的新机会，好过论资排辈的老机会。创新是我们的优势，也是非常好的一种定位策略。

黄金定位八：练就独门绝技，让别人不可取代

俗话说"一招鲜吃遍天"，找到自己的最强项，即"独门绝技"，形成独特的市场区隔，别人就很难占便宜，自己的位置就无人可取代。

黄金定位策略九：综合制胜，以多胜少，以全面胜单一

如果不能以"一招鲜吃遍天"，那就多几招，让自己成为复合型人才，以多胜少，以全面胜单一，靠综合实力取胜。

黄金定位策略十：在定位中发展，在发展中修正定位

刚开始由于没有经验，也未经实战检验，自己的定位未必就一定准确。没关系，我们可以在后天的实战中，与时俱进，具体情况具体分析，对定位进行修正或重新定位，直到找到对自己而言是正确且准确的定位为止。在定位中发展，在发展中修正定位，是为了实施更有效的定位。

万宝路香烟刚进入市场时，定位是以女性为目标市场，销路始终平平。后来企业对定位进行了修正，重新定位为男子汉香烟，树立了万宝路自由、野性与冒险的形象，从全球众多的香烟品牌中脱颖而出，从20世纪80年代中期到现在，一直雄居世界前列。

作为新人，尽管刚开始要找准自身定位不那么容易，还是应该先做策划，先定位，后就业。朝着正确的方向努力，总比不努力好。只有去做了，并努力了，才会有成功的希望。什么也不去做，就什么也做不成，就永远也没有希望！

制定实现目标的可行性计划

为了实现就业目标，需要为它制定切实可行的计划。

目标有大目标和小目标，要从大处着眼，从小处着手。大目标可以粗，小目标则必须细。要将大目标分解成若干小目标，并分阶段分步骤，一个一个地实现它。比如，打算通过工作挣钱，在10年之内购买一套价值50万元的房子，这是大目标。那么，为了实现这个大目标，就要将它分解成10个小目标，分10个步骤，一年走一步，一年实现一个小目

标。当然，在小目标下面还可以分成更小的目标。可以有十年规划，五年计划，还可以有年计划、月计划等，这些都是对目标进行分解和细化的有效方法，便于执行。

计划必须依据自身能力、现实状况和客观规律合理拟订，并切实可行。计划不能排得太满，要留有提前完成计划的余地。计划没有变化快，如果排得太满，没有充分考虑到意外变化，导致自己不能按时完成，那么对自己的士气就是一次打击，等于抽自己的耳光。每次计划都能顺利完成，甚至提前完成，对自己来说就是一次小小的成功，也就是对自己的一次激励。这样就有助于以后计划得更好，执行得更顺利，形成良性循环。

每个人都需要成功，都需要来自于真实成功的鼓舞。只有将大目标分解成无数个小目标，你的计划才会具体、真实和接近，才会觉得不是空想。

目标还可以分为初始目标、中程目标和终极目标，订立目标要有前瞻性，实现目标不要急于求成，欲速则不达。

计划可以变，目标不能变，计划万变不离其宗。前一个目标没有实现的情况下，就不要订立下一个目标。没有尽最大努力，不要轻易放弃目标，当我们有了明确的目标，并制定实现蓝图的可行性计划，坚持执行下去，成功就已经离我们不远了！

用智慧战胜对手

1984年，在东京国际马拉松邀请赛中，名不见经传的日本选手山田本一出人意料地夺得了世界冠军。当记者问他凭什么取得如此惊人的成绩时，他说了这么一句话：凭智慧战胜对手。当时许多人都认为这个偶然跑到前面的矮个子选手是在故弄玄虚，马拉松赛是体力和耐力的运动，只有身体素质好又有耐性才有望夺冠，说用智慧取胜确实有点勉强。

两年后，意大利国际马拉松邀请赛在米兰举行，山田本一代表日本参加比赛。这一次，他又获得了世界冠军，记者又请他谈经验。

山田本一回答的仍是上次那句话：用智慧战胜对手。这回记者在报纸上没再挖苦他，但对他所谓的智慧迷惑不解。

10年后，这个谜终于被解开了，他在自传中是这么说的："每次比赛之前，我都要乘车把比赛的线路仔细地看一遍，并把沿途比较醒目的标志画下来，比如第一个标志是银行，第二个标志是一棵大树，第三个标志是一座红房子……这样一直画到赛程的终点。比赛开始后，我就以百米的速度奋力地向第一个目标冲去，等到达第一个目标后，我又以同样的速度向第二个目标冲去，40多公里的赛程，就被我分解成这么几个小目标轻松地跑完了。起初，我并不懂这样的道理，我把我的目标定在40多公里外终点线上的那面旗帜上时，结果我跑到十几公里时就疲惫不堪了，我被前面那段遥远的路程给吓倒了。"

将大目标分解为若干个小目标，分段一个一个地实现它，每完成一个，就成功一次；每一次成功，都如及时雨般地对心灵进行抚慰，使人在心理上因成功获得鼓舞，巧妙地避免了因大目标遥不可及而产生的恐惧感与挫败感。用分段法实现大目标，山田本一确实是用智慧战胜对手的。在现实中，我们做事之所以会半途而废，往往不是因为难度较大或者自己无能，而是我们觉得成功距离自己太过遥远，常常因为看不到目标而失去了希望。在就业的旅途中，假如我们稍微具有一点山田本一的智慧，也许会少许多懊悔和惋惜。

第三章

破译自荐书密码

——为自己打好人生第一个广告

一位名叫张月的研究生，两个月内先后投出了500多份简历，结果都石沉大海。

张月读中文专业研究生期间学习成绩优秀，有一些自己觉得拿得出手的奖状和证书。求职之前，她以为自己有一些值得骄傲的资本。即便在听到就业指导中心的负责老师介绍，2010年有多达630万的大学毕业生需要就业、竞争十分激烈时，她也不以为然。10月，校园内外大大小小的招聘会陆续开始，张月先选择了一些文秘、行政等看上去和中文专业相关的职位投递简历。

听已经找到工作的学长们介绍说，越早投简历就越会增加被挑中的概率时，她一改爱睡懒觉的习惯，每天清晨5点就准时起床，在各大招聘网站"海投"。媒体、出版、营销、策划、企业文化宣传等工作岗位，不论和中文专业是否挨边，只要不限专业的，她都试着去投。她说："每隔几天就会有岗位更新，多的时候一个早晨能投出去十几份简历。"

张月又听说，简历要根据不同的岗位需求不断更新，于是，她为自己设计了七八种面貌各异的简历。投递文秘岗位的简历，在"实习经历"一项，就重点写做兼职教师的经历、处理文稿的能力，还附上原创诗歌；投递营销岗位的简历，就在个人技能一项突出自己的应变能力、适应能力等——"感觉自己像同时拥有了七八张面孔。"

"海投"500多份简历之后，张月每天都希望手机会响，常常下意识地拿出来看看，生怕会错过什么。但是，一个电话也没有。

从这则新闻报道可以看出，张月不但文凭（硕士）高，还是一个相当勤奋的人。她为了增加被挑中的几率，早晨5点钟就起床投简历，在两个月内总共投了500多份，几乎平均每天十份。然而，为什么天道不酬勤呢？为什么那么多自荐书都石沉大海了呢？大学生如何写出实用、管用的求职自荐书？如何打好人生第一个广告？

>>自荐书密码

先锋信使

自荐书首先是信使，全权代表你去与用人单位建立初步联系，并将个人信息纸面送达用人单位。开头和结尾处都要有信函一样的礼貌称呼，文中要有信函的内容。其次，自荐书还是你求职路上冲在最前面的开路先锋，你人未到，自荐书先到。它是用人单位拿到手的关于你的第一手资料，你和用人单位的"第一次亲密接触"往往不是你本人，而是你的自荐书。如果它不辱使命，使你与用人单位建立起有效关系，你就向心仪的工作成功地迈出了第一步；否则，你的自荐书将直接进垃圾桶，你也得不到期望的佳音甚至是回音。

推销广告

自荐书要具有广告功能，要借鉴广告的写作要素和技巧，要像广告那样突出自己的卖点。

自荐书不仅是求职者的自我情况介绍，更是一种宣传自己就业理念，表达自己求职愿望，展现自己劳动力价值的媒介。它能直达招聘方眼帘，是宣传自己的良好载体。从这个意义上说，自荐书就是一种广告形式。在就业市场上，求职者是人力资源商品，用人单位就是买家，买家付出薪金，购买你的劳动力。而自荐书的意义，就在于它能吸引买家的眼球，引起他们对你的注意，让他们知道有你这样一个人物存在，且从自荐书评估出你相对真实的价值，进而产生面试你的兴趣。

形象代言

自荐书代表了求职者的形象，这些具体信息主要体现在你贴在上面的相片，你附在后面的资料，你书写的笔迹，你拟定的标题、称呼和内容等。自荐书带有的这些信息，组成了求职者在用人单位的第一形象，也许是最后的印象。用人单位通过自荐书来想象、勾画你的形象，即使你得到了面试机会，但面试时，招聘官除了看你，也要看你的自荐书。面试完毕，你人走了，你的自荐书还留在那儿，不仅充当联系的纽带，还是留给人事经理的最后印象。

你的自荐书，就是你的形象代言人，招聘者根据它给你打分，并做出决定，是否邀请你参加进一步的面试，是否最终录用你。

>>自荐书解码

从目前在网上、书上和职场上所能见到的各种自荐书范文分析，其内容与格式、写作手法，都相当"标准"化，大同小异，几乎如一个模子铸出来的一样，殊无新意。本书不会再重复这些自荐书的"标准内容"和"正规格式"，大家只要上网搜索一下"自荐书范文"，就会跳出来成千上万的"标准自荐书"。不过，那些范本虽然标准、正规，但是它是求职的毒药，找工作的绊脚石。

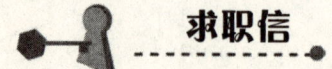 求职信

尊敬的公司领导：

您好！

我叫_____，现年_____岁，来自_____，是_____学校_____专业_____届毕业生。

今天，我怀着平静而又激动的心情呈上这份自荐书。之所以平静，是因为我自信我的知识和能力不会让你们失望，将无愧于您的选择；之所以激动，是因为我决定以无悔的青春走到你们中间，实现共同的辉煌。在这里，我不能向您出示任何有权威人士的推荐书来为我谋得职业，也拿不出一摞摞的获奖证书来作为我的筹码，而只能凭自己十几年来，刻苦学习的结果和吃苦耐劳的本性来做为我的莫基石，如果说我有什么优点的话，那就是我年轻。

在校期间，我认真学习，勤奋刻苦，努力做好本职工作，在学生会和班级工作中积累了大量的工作经验，使自己具有良好的身体素质和心理素质。几年来，我努力学习专业知识，从各门课程的基础知识出发，努力掌握其基本技能技巧，深钻细研，寻求其内在规律，并取得了良好的成绩，获过二等奖学金。在学好专业知识的基础上，我还自学了电脑方面的一些知识，比如：电脑一般故障的排除、文字处理与排版……

实践是检验真理的唯一标准，我利用暑假期间，到_____公司做了_____，还_____。课余时间，我还到图书馆为同学们服务。在图书馆和阅览室里，我学到了很多其他方面的知识。一个人只有把聪明才智应用到实际上工作中去，服务于社会，有利于社会，让效益和效率来证明自己，才能真正体现自己的自身价值！我坚信，路是一步一步走出来的。只有脚踏实地，努力工作，才能做

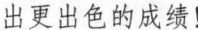

出更出色的成绩！

"器必试而先知其利钝，马必骑而后知其良驽"，我深信，只要我找到一个支点，就能撬起整个地球；只要给我一片土壤，我会用年轻的生命去耕耘，您不仅能看到我的成功，而且能够收获整个秋天。这就是我的自信和能力的承诺。

剑鸣匣中，期之以声，热切期望我这拳拳寸草心、浓浓赤诚情能与您同呼吸、共命运、同发展、求进步。请各位领导给我一个机会，我会用行动来证明自己。

最后，衷心祝愿贵公司事业发达、蒸蒸日上！

_____(祝词与礼貌语)

署名 _____

_____年_____月_____日

上面这个案例，就是通过百度搜索求职自荐书获得的"标准"范文。事实上，很多人写出来的自荐书都是这个模样。

这种公式化标准化的自荐书可能导致的结果是：（1）让招聘官视觉疲劳，熟视无睹。（2）让求职者失去了展现个性和特色的机会，泯然众人矣。（3）公式化、机械化、八股化的写作方式会让招聘官认为求职者是应付了事，没有用心，没有热情，还会顺便联想到以后的工作态度。

本章开头所举例的张月就是如此。张月的自荐书没有什么特色，也没有实战经验，更没有全面系统且实用的就业理论做指导，听别人说该怎么做她就怎么做，漫无目的地到处"海投"标准制式的简历，岂能不石沉大海？

类似张月一样的情况相当普遍。那么，写什么样的自荐书，才能让求职者能够拿到一张面试的门票呢？作为新手，也许你还在为你的自荐书终于符合"正规格式"，达到"统一标准"而窃喜，殊不知这样正

正规规的自荐书，早已在人事经理的办公桌上堆积如山，"审美疲劳"使他对你的大作熟视无睹！正是这样"八股文"般标准格式的自荐书害了你自己，使你与竞争对手没有市场区隔，使你归于平庸之列，如一块普通的石头沉入了广阔无边的大海之中！

笔者以企业招聘官和大学生求职者"双重间谍"的身份，从职场实战的角度，告诉新手们一些写自荐书的秘诀，特别是出新出奇的秘诀。也许它不符合"正规格式"和"统一标准"，但是，它却更贴近实战，更对招聘官的胃口，让你的自荐书有机会石破天惊，而不是石沉大海！

彰显本质内容

自荐书是一种实用文体，首先要把求职者自身介绍清楚。要想写出石破天惊的自荐书，既需要个性化的精彩发挥，又必须抓住必不可少的本质内容。只有彰显出本质内容，才可以不受所谓的"格式"、"模式"、"标准"的限制而自由发挥；否则，即便个性化十足，精彩万分，但是离题太远，也达不到目的，反而成了授人以口实的"花架子"。对普通就业者来说，在抓住本质内容的前提下，思路活一点，形式新一点，出新出奇，才可能在千军万马中杀出一条血路来。

那么，一份完整的自荐书究竟应当包含些什么内容呢？归纳起来，主要包括以下几个方面。

我是谁?

即个人身份、属性介绍，包括姓名、性别、年龄、学历等基本"属性"，要让别人知道自己是怎么样一个人。

我应聘什么?

直截了当地写明自己要应聘的工作岗位。

我过去做过些什么?

即自己过去学习、工作的主要简历，包括学习和工作的时间、地点、成绩或业绩等的介绍。

我现在和将来能做些什么? 奉献些什么?

介绍自己已经或正在拥有些什么本领和特长，具体能做些什么工作，为企业创造些什么价值，有些什么卖点，能给企业带来什么利益点等。要让企业知道自己的上进心和干好工作的信心，物有所值。

我希望得到些什么？

主要是写自己对工作的希望和要求，包括工作环境、劳动时间、薪资待遇要求等。但要注意的是，一般来说，到了应聘最后一步再谈自己的工资待遇要求比较好，不要一开始应聘就急于知道或询问自己的工资待遇。

假若公司聘用我会怎么样？不聘用又会如何？

要表明如果聘用自己，将十分感谢企业和面试官给予的机会，并将努力工作，为企业创造价值，不会让企业失望；同时还要表明如果没有选中自己，也要感谢企业给予自己锻炼的机会，让自己学到不少东西，对于自己的不足之处，自己会努力改正提高。

只要我们抓住了这些关键内容，一份完整的自荐书的骨架就矗立起来了。在此基础上，就可以根据需要在上面添砖加瓦、自由发挥了。

少而精为上策

另外，自荐书的内容可多可少，可长可短，关键是要根据应聘的实际需要而定。如果你应聘的是普通工作岗位，则宜短不宜长，适可而止，一般来说A4纸一两页就可以了，最好不超过两页；如果你应聘的是重要职位或特殊岗位，由于其要求是相当高而且非常全面，简简单单的一页内容，就不足以体现你能担当大任的综合能力和专业本事，自荐书要是短、少、轻、薄就成为你的缺点，别人甚至会怀疑你能力、知识、经验、责任心等的广度、深度和厚度。当然，在如今这个讲究效率、时间宝贵的快节奏社会里，招聘官们通常不爱看长篇大论。所以，对新手来说，若非应聘重要职位和一些特殊职位，自荐书最好以精短为宜。

◎就业链接◎

研究者对简历厚度进行了调研，结果显示如下：

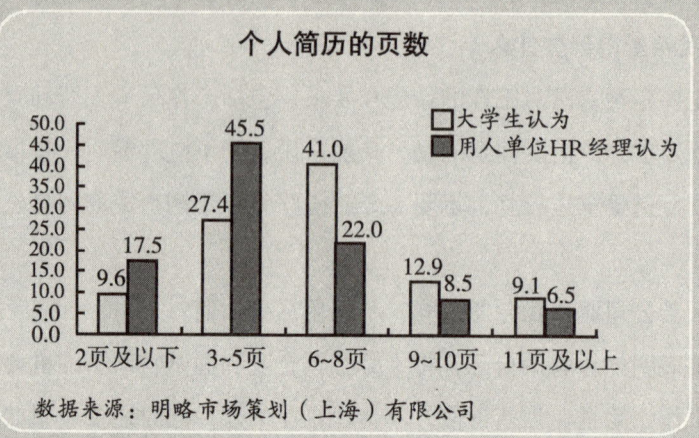

数据来源：明略市场策划（上海）有限公司

在受访的大学生中，写6~8页简历的人数最多，占到了41.0%；其次是3~5页的，为27.4%；9~10页为12.9%；2页及以上为9.6%；11页及以上为9.1%。然而用人单位的HR经理则希望看到应聘者的简历中选择3~5页的最多为45.5%；其次是6~8页为22.0%；2页及以下为17.5%；9~10页为8.5%；11页及以上为6.5%。

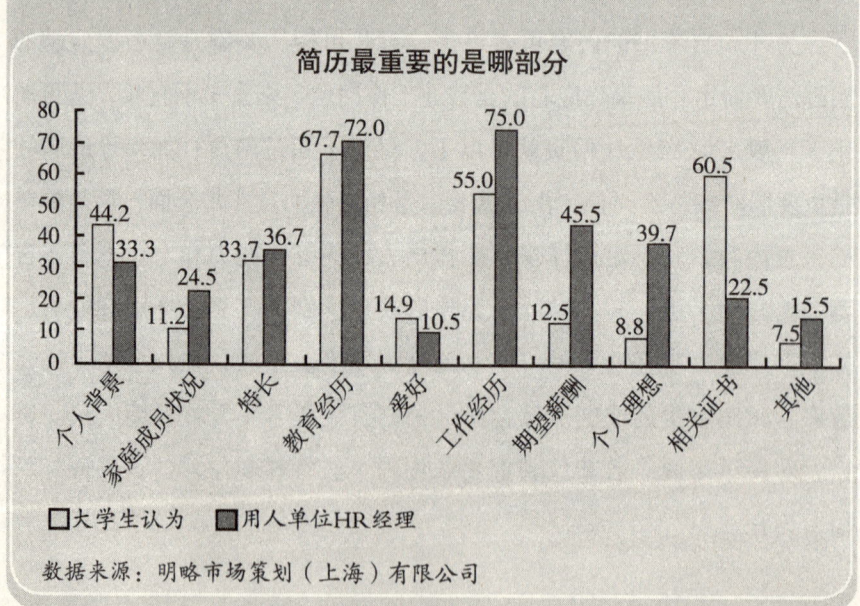

数据来源：明略市场策划（上海）有限公司

对于简历中最重要的部分，大学生回答教育经历、相关证书以及工作经历的比例最高，分别为67.7%、60.5%、55%，其余各项的比例则较少些。然而在用人单位HR经理的心目中排第一至第三位的却是工作经历为75.0%，教育经历为72%，期望薪资为45.5%。

抓住第一眼

在堆积如山的求职书中，人事主管一般只会在你的自荐书上花几秒钟瞟上一眼，如果你的自荐书第一眼抓不住他的眼球，你就"死定"了。公司的领导们常常工作很忙，哪有时间和心情去看司空见惯的东西？除非你的自荐书有特点和特色，能引起他们的注意和兴趣！酒香也怕巷子深，如果第一步不能让对方注意到自己，自己就是块金子，也只有被埋没；就算自己"含金量"再高，"成色"再好，可是谁知道呢？

那么，如何才能引起对方的注意呢？

首先要取个精辟响亮的标题名字

餐馆里一盘普通的菜，如炒冬瓜，取一个不俗的名字如"金钩冬瓜"，就可以让食客想象无穷，直流口水，卖个好价钱。这一招对于自荐书同样管用，写自荐书首先要取一个精辟、响亮、与众不同的名字，语不惊人死不休！让人第一眼就印象深刻，不但引起招聘者的注意，还能激发他们的好奇心和想看下去的兴趣！就算他不再看后面的内容，标题已如"百度快照"一样，就在他瞟一眼的瞬间，传递出自己最简短、最精确、最关键的求职信息！

我过去就曾用过：《给我一个机会，还您一个惊喜！——您的"总裁秘书"唐仓健的自荐书》、《唐仓健=半个房地产公司》、《得我者，得市场——您的"市场营销总监"唐仓健的"营销纲领"》等

标题。

不要千篇一律地用什么"自荐书"、"自我简历"、"求职信"等让人麻木不已的标题。要反其道而行之，要别出心裁，要刺激他的眼球，要让他看到他没有看到过的东西，要让他读着如春风拂面，要让他看着不会睡着了！为自荐书取一个吸引眼球，且一目了然的"精致"标题，就成功了一半！

差别化的外观

拥有具有质地感的纸张，新颖的"款式"，精美的"包装"等外观的自荐书，不但给人感觉比较正规，还在层层叠叠的资料中，显得鹤立鸡群！具体来讲，在打印清楚、干净整洁的基础上，可以在你的封面上放上你的靓照，也可以放一些图片。名称可以用新颖的字体、有区别的字号等形式，让你的自荐书更具魅力。

整齐醒目的编排

在同质化严重，千篇一律的"八股文自荐书"中，差异化的内容才能"浮出水面"。内容比较完整，有封面、目录、正文、附件、封底五个部分，远比一张白纸写的简历强。如将标题打成粗大的字体、特别的颜色，编排注意疏密相间，留天留地，形成视觉焦点等，会更吸引人的眼球。

另外，根据具体需要，还可以采用一些其他方式，达到引人注意的目的。比如电子版的自荐书可以链接上一段视频，纸板的自荐书可以请美工给你设计一个精美的签名，等等。

引起他的兴趣，对症下药

第一眼引起了对方注意，接下来如果不能使对方产生兴趣，同样，

"The game is over"。那么，如何才能使对方产生兴趣呢？

招聘官最感兴趣的其实是他自己和他的企业，而不是你。就像看合影一样，每个人首先在人群中寻找的是自己。所以，我们要投招聘官所好，要在对方的兴趣、利益和关注点上下工夫，比如《××董事长，这是您的××》，使对方对关系到他本人或企业的资料产生兴趣，爱屋及乌，自然就会对资料的所有权人产生兴趣了。一切以对方为出发点，重点内容最好不是关于自己的，而是关于企业的，这样的"自荐书"对方不想看都难，当然更不会轻易被丢进垃圾桶了。要把招聘官当人看，而不是当神，他们也需要自我欣赏和被他人关注，也许他们比一般人更习惯了站在舞台中央被下属关注。所以，吊起他们的胃口，再满足他们的胃口，就能引起他们的兴趣。

如何引起对方的兴趣，还要具体情况具体分析，因人而异，各显神通。比如对方要招秘书，写得一手好字，拥有优美的文笔，曾经发表过文章，获得过征文比赛奖励，打字快速电脑熟练，有过同职工作经历，美丽的外表，高雅的气质等，都有可能让对方产生兴趣。

现在，假设你要去一家房地产公司应聘"策划专员"，你该如何写你的自荐书呢？

唐仓健，限量珍藏版莅临山城

唐仓健，限量珍藏版莅临山城

诗意栖所
尊荣府邸
一朝拥有
善待你一生

楼盘名称：唐仓健　房屋朝向：应聘策划专员

户型：男　楼层：XX岁　楼高：1.73M　建面：73kg　结构："钢混"（用行话表明身体健康强壮）

贵宾专线：13XXXXXXXX　预售房许可证:毕业证/身份证（见附件）

开发商：唐永全 胡朝玉

施工单位：四川外语学院

监理单位：中华人民共和国教育部

项目地址：重庆市沙坪坝区三峡广场X号

网址：http://www.0007.cc

注：本"售楼广告文案"，仅供"设计师"设计专用，现已"竣工"，是否合格，请公司领导验收为谢！

　　大家可以看出，上面这个应聘"策划专员"的案例，并没有写成千篇一律的自荐书模式，而是以一份摆在招聘官面前的"售楼广告文案"，代替了千篇一律的自荐书，在形式上标新，在内容上立异。一般来说，即使已"审美疲劳"的招聘官，第一次见到这样别出心裁的自荐书，也会眼前一亮，且有兴趣读下去。

"牛唇"要对"马嘴"

本章开头所举案例中的研究生张月，将自己的简历根据不同的岗位需求不断更新，为自己设计了七八种面貌各异的简历的做法是对的，即使她并没有求职成功，也是因为其他原因使然。

写自荐书就是要有的放矢，应聘不同的工作职位，就要使用不同的版本。要根据不同的行业、企业、工作内容、担任职位等，有针对性地写自荐书。不能无论到哪儿应聘，无论应聘什么工作，都用同一个版本的自荐书。要针对不同工作的特点，进行相应的无缝对接，强调自己适合该工作的特长、经验、能力等，并视情况予以突出。

如果自荐书的内容，与应聘的工作内容一一对接，那么它就是用人单位眼中理想的求职信；否则，"牛唇"不对"马嘴"，你自荐书的命运可想而知。

专业性让你"打入内部"

自荐书是每个人的就业广告，每个人都希望写得精彩一点，都会在遣词造句上下工夫，这些是应该和必要的。然而，自荐书要写得好，最关键、最重要的却不是语言是否华美，而是你写的是不是行话。行话，是写自荐书最好的语言。

行话就是行业语言，也叫行业专用术语，是业内人士常用的语言。比如"CEO（首席执行官）"、"COO（首席运营官）"、"CFO（首席财务官）"、"炒鱿鱼"、"跳槽"等就是职场行话，"LOGO"、"VI"、"滤镜"、"栅格化"等是美术设计的行话。

行有行话，一个人是不是内行，一听他说话便知。能用某种行话进行交流的双方，彼此都有了一份认同感；反之，就会产生一份排斥。要想通过自荐书"打入内部"，就必须学会说行话，且要尽可能多地使用行话。通过在文中正确地、流利地使用行话，充分展示出你相当了解专业知识，并形成你就是内行的印象。懂得某种行话，将使你甩掉"门外汉"的帽子，获得招聘官的更多认同，产生似曾相识的感觉。从实战效果来看，一份行话自荐书，胜过一篇辞藻华丽的美文。善用行话，将奠定你业内人士的地位。不过，如果要使用行话，就必须真正地明白这些行话的含义，特别是那些最新的行话，否则，会弄巧成拙。

大学生刚毕业，大多还不懂行，但是却可以学一些行话，并马上学以致用，比如通过听内行人讲话、向高手请教、参加专业培训、读专业书报杂志、上专业网站、在网上搜索相关行业术语等方式，可以速成一些基本的行话。

假设现在你就要去一家建筑施工单位求职，你该如何用行话写你的自荐书呢？

"工程承包投标书"

尊敬的××公司领导和同仁钧鉴：

本人近悉贵公司在人才市场上对"施工管理员"、"预决算"等"工程"公开"招标"，遂特前来"投标"贵公司"施工管理员"一职，或根据您们实际安排我"承包"别的"工程"亦可。本人具有下列"营业执照"、"资质证书"和"施工"业绩：

一、"营业执照"

名称：唐仓健

住所：重庆市沙坪坝区三峡广场X号

法定代表人姓名：唐仓健

注册资本：……（此写学历、专业等）

公司类型：男，XX岁……（此处进行个人简介）

实收资本：……（此写实际工作经验、能力等）

经营范围：建筑施工管理（此写能够胜任的工作岗位和职责担当范围）

成立日期：X年X月X日（此写出生日期）

营业期限：X年X月X日——X年X月X日（此写可以上班的初始日期和最后期限）

发证单位：XXXXXX大学

二、"资质证书"

见身份证、毕业证、学位证及相关专业资格证书，附复印件。

三、"施工业绩"

1.……

2.……

3.……

（此处重点写主要业绩和优点，即突出自己的主要卖点）。

四、"工程报价"

……（在此简单表达自己的工作意愿、薪资待遇期望等，工资数额可最后再谈）。

五、……

（此处写如果应聘上了将如何，没应聘上又会如何，以及表达感谢之意等）。

此致

敬礼！

谨祝贵司全体同仁工作愉快！

"工程投标单位"：唐仓健（要亲笔签名）

联系方式：13XXXXXXXX E-mail：XX@dgking.com

_____年___月___日

"真诚会惹祸"

当一个人功成名就时，谦虚是一种美德，但求职时，则需要对方对自己全面了解，需要毛遂自荐，谦虚是没有用的。在这个快节奏的商品经济社会里，时间宝贵，工作忙碌，即使你是一个优秀人才，在竞争如此之大的求职大潮中，如果不给自己"打广告"，谁又知道你的才华呢？没有人有闲工夫对你进行深入了解，如果不想被埋没，就要把自己的长处、优势、真诚表达出来。你得过什么奖，拥有什么文凭，有什么特长，有什么优势，有什么特点，有什么兴趣爱好，是否妙笔生花，是否写得一手好字，是否画得一手好画，等等，都要大胆"秀"出来。要尽可能地抓住机会，为自己进行广告宣传。

当然也不要宣传过了头，变成吹嘘！纸也包不住火，是"骡子"是"马"，一到上班试用期"拉出来溜溜"，就要"原形毕露"！言过其实、撒谎、吹嘘都是在破坏自己的品牌，必然付出代价。

自荐不要谦虚，亦不能吹嘘，但真诚会惹祸。坦白地讲出自己的一切，把自己的五脏六腑都解剖得清清楚楚，让人一目了然并不绝对是好事，留点悬念与神秘感，会让自己更有吸引力。

这就像商家打广告，一般只突出产品的优点，而对缺点只字未提，这不是不道德的事情，而是没有必要。消费者认同它的优点，并不是不知道它难免有缺点，只要物有所值就行。同样的道理，求职时，也可以只讲自己好的一面，避免触及较差的一面，保护好自己的私密信息。如果你真诚地和盘托出，可能会给自己惹"祸"。因为你并不知道对方会不会因为你的真诚而感动，却会因为自己泄露了不该泄露的信息，主动权全部交给了对方，而成了"待宰的羔羊"。

别忘突出自己的"卖点"

获利是企业的本能，亏损是企业最大的忌讳，企业考虑的是聘用你能否给他带来利益以及你的薪酬待遇，也就是在你身上的投入产出比。那么，投其所好，突出自己将给企业带来的利益点，也就是自己的卖点，是自荐的第一大事。吹嘘自己没有用，要让企业发现从你身上有利可图，让对方觉得聘用你，他会成为赢家。比如，在同等条件的竞争者中，小陈的工资要价最低，且最能吃苦耐劳，那么这两点就是小陈区别于其他人的卖点。对用人单位而言，人才质量相同但使用成本更便宜，不怕脏不怕累能用好用，就是用人单位愿意花薪酬购买小陈劳动力的两个重要因素。

在自荐书中，不要写自己什么都会，也不要写自己什么都不会，要突出自己的主要优点（优势），形成要点，就是"卖点"。自己擅长什么，有什么能耐，有什么经验，对什么熟悉，对什么精通，有什么优势，把主要的提炼出来，就是突出自己的"卖点"。"卖点"不能贪多，多了反而失去了重点和可信度，有几点即可。比如小龚去应聘建筑设计师，强调自己非常熟悉AutoCAD，并且曾专门去房地产公司售房部蹲点，知道在房地产市场上设计什么样的户型好卖，什么样的户型不好卖，这两点就是小龚的"卖点"。

 ## 给我一个机会，还你一个惊喜

—— 你的"总裁秘书"唐仓健的自荐书

尊敬的打工皇帝网领导和同仁：

你们好！

我叫唐仓健（本人"属性"请见附件一：身份证、毕业证等），前来应聘贵司"总裁秘书"一职。

我了解到打工皇帝网（www.dgking.com）不仅是大学生的就业之家，更是一个奋斗的乐园，非常喜欢贵网，希望加盟共创辉煌！

我个人认为我完全能够胜任贵司"总裁秘书"一职，我有"六大理由"：

理由一：秘书所需要的文字处理能力，我没有问题！

我虽然不是贵司要求的文秘或中文专业毕业，但是我自认为我的文字处理能力一点儿不比他们差！因为我在中学、大学阶段就特别爱好写作，我的梦想是当一名作家。我常写日记和博客（见www.0007.cc），也常在院报上发表文章（见附件二），还常给一些报刊杂志投稿（见附件三）。我勤工俭学做过"就业网"（见www.555555.cc）的后台管理，对网络和文章编写较为熟悉。我是四川外语学院英语专业毕业的，基本的翻译没问题，在这点上比非英语专业者有优势。

理由二：我拥有清晰的表达能力，这也是工作所必需的元素。在大学阶段我当过班长，主持过班里的联欢晚会、生日party、班会等。我还参加过学校的演讲比赛，是班上的"主辩手"。

理由三：我会用Word、WPS、Excel等软件对文件编辑排版。我电脑打字较熟练，且用的是五笔，目前60字/分，今后会越打越快的。

理由四：我"跑腿能力"很强，今后安排我办事跑腿也没有问题！我中学一直是全校长跑冠军，身体非常好。我将尽快学会开车，满足工作需要。

理由五：我将做一张领导的"过滤网"，把没有价值、浪费时间的事情统统过滤掉！我将做一道领导的"防火墙"，把"入侵的病毒"统统挡在墙外！我会当一个称职的助理，做好上传下达的"联络员"。

理由六：如果"用我＝公司赢＋我赢"！我将以归零的心态，边干边学，边学边干，加倍努力工作！同时，我也愿意做公司需要的任意适宜位置的"零部件"。

谁不曾年轻过？谁不曾蹒跚学步？谁不是从不熟悉到熟练，从熟练到精通？作为刚大学毕业者，对于贵司"有三年以上同职工作经验"的要求，我能理解，但是我不服！我认为有的人干得再久，也只是一个"老兵"！有的人也许暂时只是一个新人，但是只要给他机会，他就有可能成长为"将军"，为您独当一面！我没有也不能编造"辉煌的简历"，但我相信我最精彩的简历将在贵司写就！当然，如果我万一落选，我亦将衷心感谢您们！谢谢！

尊敬的领导和同仁，请给我一个机会，我将还你们一个惊喜！

此致

敬礼

求职者：唐仓健 敬上

联系电话：_____ E-mail: 0007@0007.CC

家庭地址：_____ 居住地址：_____

____年____月____日

这个自荐书的与众不同之处，是强调了求职者的六大卖点，也就是给企业的六个利益点。

给自荐书穿上美丽的外衣

自荐书是求职者的形象大使，是留给招聘者最初和最后的印象，对它进行形象包装，是十分必要和重要的。

对自荐书进行排版，打印出来，装订成册。当然，如果你的书法好，也可以用笔写，"秀"出自己的长处。但要注意简洁、清晰，不要龙飞凤舞，让人看起来吃力。现在的面试官一般都习惯于看电脑打印的清晰明了的自荐书，不喜欢看繁杂的东西，一是因为累，二是太花时间和精力。

应将自荐书装订成真正美观的"书"，最好用A4纸打印，其他资料也弄成A4纸规格大小。根据实际需要和自己的经济能力，可以选择以下自荐书的包装形式：

无装版自荐书

就是没有包装，没有封面、目录、封底等内容。只有自荐内容，没有美观的包装，自荐书就只是一张或几张普通打印纸，只是用订书钉或夹子简单装订。建议少采用这种方式。

简装版自荐书

就是有包装，有封面、目录、封底等内容，但包装也只是普通的纸张，用订书钉或夹子简单装订。

精装版自荐书

就是不但有封面、目录、正文、附件、封底等内容，还设计一个较为精美的封面、封底，并用质感好的封面、封底材料，请打字复印店专业装订起来，让人感觉自己的诚意和对企业的重视，给人以正规、精美、有实力的印象。

电子版自荐书

现在电脑十分普及，网络越来越盛行，我们可以在自己的电子邮箱、博客、个人网站、QQ空间等上面，为自己弄个网络版或电子版的自荐书保存起来。电子版自荐书没什么成本，并且易于弄得很精美，发电子邮件给招聘单位阅读了解也很方便。

以下需要求职者注意的事项虽然都是细节，但往往是细节决定成败，因此也不能掉以轻心。

在打印的自荐书上不要忘了亲笔签上自己的名字，这是一种礼貌，是对对方的尊重，也烙上了自己的印迹，权属归自己。

在自荐书上最好按照要求贴上本人1寸或2寸彩色或黑白近期照片，当然，你的这张照片一定是最能反映你精神面貌的。

将本人身份证、毕业证和其他能证明自己学识、经验、能力的重要资料的复印件作为附件，附在后面。但要特别提醒求职者的是，应该在身份证复印件上注明"仅供应聘使用，再复印或用作其他无效"，以免被他人利用。

注意保存电子文档，以便于随时修改、打印和使用。

批量制造自荐书，广而告之。既然已经把自荐书认同为广告，那么广告就要批量生产，大量发布，以为自己多赢得一些机会。

如果自己通过自荐书引起招聘方注意，并使之产生了兴趣，那么自荐书的作用便大功告成。当然，这只是求职路上的重要一步，至于如何让对方形成聘用自己的冲动，促使最后"成交"，还要看面试效果如何。

第四章

破译工作单位密码

——"找对婆家嫁对郎"

杨晓马上就要大学毕业了，毫无求职经验的他先后参加了六次招聘洽谈会，可是由于应聘者太多，他递交的简历也没有什么特点，未能获得一次面试的机会，他该怎么办？他下一步该如何去寻找工作单位呢？

牟仁辉学的专业很冷，基本上没有用人单位来招聘，而他感兴趣的、擅长的岗位，用人单位却要求专业对口，他根本没有报名资格，他该怎么办？如何才能尽快找到心仪的工作单位？

现在企业要有工作经验的，宾力还没有走出校门，根本没有工作经验。没有一点工作经验的他，如何闯过经验关呢？他该如何同有经验的求职者竞争？

魏薇是学土木工程专业的女生，当遭遇"不招女生"的性别歧视时，她该如何"找对婆家嫁对郎"呢？

在还没有"出嫁"以前，选择什么样的"婆家"，"嫁"什么样的"郎君"，每个人拥有充分的自由权和主动权。即便是"良禽"，也应如诸葛亮、姜太公、管仲、乐毅等一样择"良木"而栖才能获得成功；否则如比干、屈原等择朽木而栖就会功败垂成！找工作，也应选择一个好行业、好企业、好工作和好职场，成功的几率才会大增。

>>找"婆家"密码

就业指导中心

就业指导中心是世界上唯一把帮助大学毕业生求职当做头等任务的组织机构。就业指导中心为毕业生提供的服务，不但内容十分丰富，手段相当专业，而且通常都是免费或收费低廉的。就业指导中心是大学生的宝贵资源和财富，每个大学、省市政府主管部门都设立了这种机构，

值得每个毕业生求职时信任、依靠和利用。

校内招聘会

校内招聘会一般是由本校就业指导中心一手操办。由于有就业指导中心的专业老师对用人单位负责筛选和把关，因此前来本校招兵买马的用人单位一般比较正规，非常适合没有多少社会经验的应届大学毕业生参加。校内招聘会的招聘单位常常多达几十至几百家，提供的工作岗位数量巨大，常常是成千上万，且专业较为对口，水分较少，含金量较高，比较真实有效。一些用人单位为了达到招聘目的，还会专门举办招聘宣讲会。由于校内招聘会是在自己的地盘上举行，大学生足不出校就可以很方便地参加，因此，参加校内招聘会是应届大学毕业生求职的主要方式之一。

校内招聘会一般凭学生证入场，或凭门票入场，通常免门票费。虽说是校内招聘，往往也有外校学生参加。不少校内招聘会场面都十分火爆，会场内人山人海，热火朝天，而大门外还有等待入场求职的"长龙"。校内招聘会往往是求职竞争对手最集中（本校生加外校生），竞争实力最不相上下（同校、同专业、同届毕业生），PK场面最为激烈的一种招聘会。

人才市场

人才市场是由人事管理部门主管，为用人单位提供招聘和为各类人才提供应聘的场所，是人力资源商品交易的场地。每个城市都有数量不少的专门人才市场。一般来说，人才市场每周都会举办综合性或专业性的人才交易会。用人单位进场招聘，需要提供营业执照等合法证件，并支付场地使用费等费用。求职者进入人才市场找工作，则需要购买门票。人才市场一般拥有现代化的办公设备和服务手段，通常开展人力资源交流、人才开发培训、社会保障、人才信息、人才测评、人事代理、回国留学人员和国际劳务技术合作等多方位服务业务。

进人才市场寻找工作单位，是除应届大学毕业生外，全社会人才求职最为普遍的方式。由于人才市场实行双向选择、自由买卖、公平交易、协商定价的商业法则，因此，它是检验人才含金量和衡量一个人市场价值的最佳场所。

网络招聘

登录专门的人才招聘网站，或利用互联网搜索招聘企业，登录其官方网站，了解企业概况和招聘详情，联系用人单位应聘，如今已是一种十分常见的找工作方式。网络上有很多招聘广告，提供很多求职信息，通过网络搜索招聘信息非常方便快速。求职者通过网络发布求职需求信息也很方便，还可发送自荐书、本人相片等应聘资料。在网络上通过语音视频进行初步"面视"也十分方便，节约双方的时间、精力和费用等。网络招聘是一个对供求双方都有利的平台，远程见面系统降低了招应聘成本，提高了就业效率。

职介中心与人才派遣

职介中心是为就业人员介绍就业的机构，又称职业介绍所、劳动介绍所等，具有职业介绍的职能。它的任务是进行就业登记，掌握劳动力资源，介绍、安排劳动力就业，监督劳动者与用人单位双方共同遵守劳动合同和协议，对闲散劳动力进行组织、管理、业务技术培训等。现阶段，在中国劳动就业问题比较突出、存在大量失业人员的情况下，职介中心对就业者求职具有一定的作用。但由于门槛低，管理不到位，从业人员素质高低不一，目前中介机构良莠不齐。

就业市场上新出现的人才派遣，其实也是一种中介方式。人才派遣又称人才租赁，是人力资源外包的一种，为当今西方发达国家普遍采用，即企业将人力资源管理中非核心部分的工作全部或部分委托人才服务专业机构管（办）理，但托管人员仍隶属于委托企业。人才服务机构与用人公司和派遣人员分别签订人才派遣协定、人才派遣合同，以规范三方在派遣期间的权利和义务，在派遣期间用人公司与派遣人员不发生人事隶属关系。用人公司与人才派遣服务机构的关系是劳务关系；被派遣人员与人才派遣机构的关系是劳动关系，与用人公司的关系是有偿使用关系。

人脉

有很多不错的工作职位，往往不会通过刊登招聘广告公开招聘，而是被内部人士和外部知情人员，利用关系走后门瓜分了，这是一种潜规则，但很普遍。关系网就是一种宝贵的资源，其作用之大，使用范围之广，可能超出你的想象。凭借个人关系、父母关系、社会背景找工作，是最直接、最便捷、最有成效的方式。因此，从大一开始，就要有意识、有目的地创建自己的就业关系网，到了大四激活它，让它为自己求职服务。

>>找"婆家"解码

找准坐标，再找工作

人才市场上林林总总的工作单位，不但让人眼花缭乱，还让人花心不断。不少人经不住诱惑，今天觉得这个岗位不错就投这个，明天觉得那个岗位不错又投那个，觉得什么不错就去找什么，一会儿东，一会儿西，漫无目的地找，就像随风飘荡的船，没有目标，没有方向，任凭风浪"勾引"与摆布！这样的船是很危险的，这样去找工作是很容易触礁的！

对刚刚走向职场的求职者来说，要先找准坐标，再去找工作，即先用第二章所讲的"定位仪"找准自己的人生坐标，再去寻找适合自己的工作。切不可忘记策划就业时自己的就业目标，更不要分散求职的目标。所有的求职行动，都要围绕统一的目标进行。要以符合目标和自身定位为基本原则，在这个原则的基础上寻找东家，偏离了航线的工作，即使再好也要慎重考虑，抗拒诱惑才能有所作为。在符合自身定位航线上的工作，就算差一点也可以接受，因为在正确的航线上哪怕只前进一小步，也是在靠近自己的终极目标。符合自身定位，才更便于扬长避短，发挥自身优势，击败竞争对手。用就业"定位仪"锁定就业航线，专心、专注、专一地找工作，在就业的汪洋大海中不会走错路线，才能更快更直接地抵达目标彼岸。

 ## "花心"之患

小熊为某大学市场营销专业大四学生。他当初报考市场营销专业的目的就是想经商赚钱。

大一、大二，他卖过电话卡、游戏卡，给企业做过营销传播，还和同学合资开过小面馆。然而两年下来，他不但没有赚到钱，还认为自己在营销方面"天分有限"，对做生意失去了兴趣，对自己所学的专业也讨厌起来。

大三，他喜欢上了写作，先后在报纸杂志上发表了几篇文章。他开始梦想做记者，觉得记者是一种神圣的职业。寒假时，他还专

门去家乡一家晚报社实习了一段时间。

大四，一个不得不做的抉择摆在他面前：考研，还是就业？父母希望他考研，他自己也希望能圆硕士的梦想。但是，万一考不上，就业怎么办呢？几经犹豫，小熊决定"脚踏两只船"，既要报考研究生，同时又给自己留条退路———到当地一家报社实习。他的想法是，一边考研，一边实习，即使考不上也能给自己增加一点儿工作经验。

3月，考研结果揭晓，他考了340多分，仅仅因英语分数不够而无缘读研。小熊十分后悔地说："其实，考研我并没有花费多少时间和精力，因为我自始至终都没能做出一个选择，始终是一种飘忽不定的状态。如果我全力以赴去考研，很可能就考上了！"

考研失败后，小熊像其他大学毕业生一样，开始找工作。他频繁地投递简历，参加面试。经历10多次的失败后，他终于和某报社签了合同。见习两个月后，小熊发现那家报社并不像招聘时所说的那样做专业新闻，而是写一些类似广告的软新闻，平时的业务更像是拉广告。这让小熊的记者梦想彻底破灭："我没有做记者的成就感，相反，感到自己很低劣。"于是，小熊辞去了辛苦求职得来的工作。

辞职之后，他决定还是干自己的本专业，做市场营销。他在校内招聘会上，应聘了多家企业的销售经理、营销策划专员、客户代表等职位，但都没有取得成功。于是，他海量投递自己的简历，结果还是有去无回，杳无音信。他感到十分郁闷，再一次怀疑自己的"营销天分"不够了。

于是，他又把求职方向改在自己喜欢的新闻媒体方面。他决定去正规报社应聘记者，以实现自己的记者梦想。6月，他又开始了新一波的投简历、面试……

通过本案例我们不难看出，小熊是一个见异思迁、相当"花心"的求职者。他一系列的失败就因为没有找准自己的人生坐标，不清楚自己究竟要做什么，目标"花心"，定位模糊，随波逐流。当理想和现实产生矛盾时，他总是焦灼，无所适从，且没有自信心和坚强的意志力。在现实就业市场中，像小熊这样对求职感到迷茫者难以计数。其实，如果明白了本节讲的这些道理，先找准坐标，再找工作，是可以少走很多弯路的。

找工作从大一开始

求职是人生极其重要的一个环节。对于大学生而言，找工作要从大一开始，敢为天下先，"笨鸟"先飞，从而避开白热化的正面竞争。当别人还在想着如何玩几年时，我们就要为求职进行充分准备，把它作为贯穿整个大学生涯的一条主线，让就业与完成学业同步，学知识与实战同步，做到学用对接，毕业即可就业。大一到大四的就业准备分步骤地进行如下。

大一

大一要尽快从考上大学的成功喜悦或失落中苏醒过来，因为新的人生竞争又在无声无息中开始了。大一应对就业有一个充分的思想认识，为求职进行必要的心理和知识以及身体准备。按照本书第一、第二章所讲的策略，利用这一学年，充分了解就业市场的现状和发展趋势，深入研究自身的优势、劣势、机会点和威胁（问题）点，力争做到知己又知彼，为求职打下基础。大一时间比较充裕，可以利用节假日及课余时间，去校外实习、兼职、做钟点工或临时工等，一边勤工俭学，一边学习就业本领。通过学校就业指导中心开始初步的职业探索，发现更多与职业道路相吻合的倾向、兴趣、个性和价值观。与老师、同学、家人和

朋友探讨自己的就业想法和愿景，并开始建立个人关系网。

大二

根据本书第二章所讲的"先策划，后就业"策略，对自己的人生和就业道路做一个清晰的营销策划，无论是学知识与技能、上选修课、考证、读双学位，还是实习、兼职、做志愿者、参加社会活动等，都要围绕策划确定的目标、定位和战略战术来进行，有的放矢地为就业做准备。结合专业打工、实习，一定要有所选择，不要只为了赚钱，否则不能为你的工作能力加分。在实习过程中，要多学习企业的理念、运作方式、行为规则等，这些都是很有含金量的求职砝码。开始向最近毕业的师兄师姐们打听有关就业的经验教训。试着去参加几次面试，从而更好地了解不同职业领域的需求以及现在你应当如何准备来迎合这些需求，并继续巩固扩大个人关系网。

大三

大三要把就业演习作为最大目标，根据专业、兴趣参加一些校内外活动，争取获得有价值的职业信息，并锻炼自己的工作能力。先联系就业指导中心或专业培训机构，进行面试训练和模拟面试，学习必要的面试技巧，然后尝试进行一些正式面试，如校内外招聘会等，以了解更多专业信息，获取潜在的实习机会和毕业后的工作机会。这一年内，可以兼职或暑期全职方式在选定领域内打工，可从事一些普通的、简单的工作，如酒水促销员、售货员、仓库保管员、收银员等，积累更多实际工作经验。根据策划选择的职业，确认至少五个本人已经具备的受用人单位欢迎的技巧，同时确认五个有待改进的技巧。在获取经验的同时，完善自荐书和面试技巧。在就业指导中心的老师或专业人士的指导之下，为最后一个学年进行规划，为大四达到用人单位的招聘要求做好准备，并继续有意识地与相关人员建立个人关系。

大四

在大四，要把成功就业作为最大目标。要将重点转移到学用结合上来，为成功就业做最后的冲刺。利用可供选择的选修课学分获得更多在选定领域的学术经历，而不要学习毫不相干的课程。要从事专业水平的兼职工作或全职工作以获取实战经验。所有必须的求职材料，如相片、简历、成绩单等，都应当在进入大四的首月内准备好，并提交学校就业指导中心存档。要尽早开始面试事宜，因为许多很好的职位，往往被别人先下手为强早早地占据了。要参加适合自己就业策划的校内外招聘会，力争早日找到工作单位。激活自己从大一就开始营建的个人关系网，利用它帮助自己求职。学会如何评估自己，学会如何洽谈薪水，学会如何签订劳动合同等，尽早实现就业目标。

综上所述，一般来说，大一应了解就业，大二应策划就业，大三应演习就业，大四应成功就业，抢在毕业之前解决个人就业问题。这样，当别人还在为求职不得不去人山人海的招聘会场挤破头时，自己已经轻松就业了。

善于发现就业机会的"缝"

大学生找工作要善于发现机会的"缝"，这里的"缝"，是指潜藏于职业机会背后的蛛丝马迹，或者说线索。机会并不会大摇大摆在那里，等着我们去取；机会的性格比较内向，只有主动热烈去追求的人，才有可能赢得她的芳心。一切机会都来自环境的变化，潜藏于现象的背后，并具有偶然、瞬时、多变的特点。

如何发现机会的"缝"呢？

第一，需要有头脑和洞察力，留心观察周围环境的变化。

踏破铁鞋无觅处，得来全不费工夫。人在有意无意中，可能得到一

些信息，而这些信息也许正好对自己有用。比如，平时在看电视、报纸时，或是乘车、走路、上网时，都要留意有没有适合自己的工作。浏览新闻时，也要联想一下它们会对自己找工作带来什么影响。这样做就是在细心寻找机会，提高发现和识别机会的能力，增大找到工作良机的概率。

第二，在没有现成机会的情况下，要想尽一切办法创造出机会。

就好比行船，当我们无法改变风向时，就需要主动改变船的方向；就好比行路，当我们无法让山走过来时，就要想办法从山上越过去；当我们无法改变外界，就要设法改变自己！李小龙曾说："别人告诉我说一个天才可以制造自己的机会，事实上，一个人的深切期望不但可以创造自己的机会，甚至可以创造自己的天才！"

第三，见"缝"插"针"。

找到或创造出机会之后，就必须抓紧时间，见机展开求职行动，随机应变，把求职行动的"针"插进工作机会的"缝"里。机会瞬息万变，稍纵即逝，倘若稍一犹豫、观望、等待，就会错失良机。当好的机会出现在眼前时，我们要敢于把握"航向"，"见风使舵"。面对不利的形势，要准确地审时度势，敢于抛弃不利因素，舍"末"求"本"，分清主次。

 ## 没有联系方式的招聘广告

报纸上刊登了一个招聘广告，没有留下任何联系方式。大多数求职者都因无法取得联系而放弃。但是，也有几个人通过打电话到刊登广告的报社，问到了招聘单位的电话，然后与招聘单位取得了联系。结果他们没费什么工夫，就被招聘单位聘用了。

为什么他们这样"轻而易举"就被聘用了呢？

原来，这是招聘单位故意设的一个局，让应聘者"上套"。用人单位特意用这种方式，巧妙而轻松地就将那些懒惰、安于现状、循规蹈矩、被动等待机会的人，排除在他们的招聘之外，从而得到了自己想要得到的积极主动创造机会的人才。

招聘广告中本没有联系方式，在一些人看来那是招聘单位或报社"粗心大意"，"忘了"在广告上留下联系方式，也就认为"没有"了应聘机会。然而那些应聘上的人，就是不信这个邪，偏偏要打电话去报社问个清楚，结果在本没有联系方式的情况下得到了联系方式，自己的积极主动创造了工作的机会。

广开门路，多得出路

你不找工作，工作不找你。大学毕业生应当利用尽可能多的渠道找工作，多一种方式就多一条出路。目前，大学生寻找工作单位的渠道主要有以下几种：

● 通过校内招聘信息，寻找工作单位。这是大学生最方便、最熟悉的方式。

● 通过专门的人才招聘报和普通报纸，寻找、搜集招聘广告。

一般情况下，这些广告基本上比较正规和可靠。因为作为正规媒体，在刊登这些广告时，都要根据国家广告法和有关规定，对招聘单位的证件进行审查，对招聘企业"验明正身"。

● 利用网络寻找工作。

如前所述，利用互联网，搜索招聘企业，了解企业概况，联系用人单位，已经成为一种常用的找工作方式。上海、北京等一些大城市，公司的主要招聘方式之一就是通过网络发招聘信息，求职者在网上发求职

信，然后公司打电话或发邮件给求职者确定约谈时间，去公司面试。不过，现在网络上真假难辨，求职者要注意分辨这些招聘信息的真伪，要当心一些为好。

●通过海报、传单、短信、广告牌等招聘信息，寻找工作的机会。

多数情况下，海报、传单和短信广告，是招聘单位自发弄的，不一定经政府主管部门"验明了正身"，有时候不太可靠，要注意防止上当受骗。户外广告牌，特别是花钱比较多的大型广告牌上的招聘广告，须经工商部门审批合格后才可发布，较为可靠，骗子一般情况下也舍不得花那么多的成本行骗。

●通过电视、电台招聘广告，寻找工作机会。

●通过朋友、熟人等（在别人方便的情况下）介绍，寻找打工机会。

常言道，多个朋友多条路。有时候自己苦苦寻觅却找不到，而别人"无心插柳"却"柳成荫"。在顺便的时候，在不太麻烦和影响他人的时候，可以请朋友、熟人等提供一些有用信息，这无可厚非。

●必要时，可利用一些潜规则找工作。

实际生活中，找工作的方法数不胜数。只要具体问题具体分析，随机应变，就可以找到更多的好机会。

另外，找工作时还应注意一些细节和方法：

●将报纸上适合自己的招聘广告全部剪下来，或复印下来，并用笔注明。

●随身携带体积小的纸和笔，发现有关招聘信息，随时记录。

●利用手机、照相机等，对有关招聘信息随时拍照，这种方式记录更简便快速，还可以为日后有可能发生的劳动关系纠纷留下证据。

●及时打电话，对有关信息进行咨询和筛选。

●用专门的文件夹或文件袋，将所有招聘信息全部搜集起来装在一起，便于管理和使用。

● 对搜集的招聘信息，筛选出适合自己的有用信息，并进行分类整理，便于查找和使用。

● 针对分类的招聘信息，可按时间段集中去应聘，也可以按地区集中去应聘，节约车费和时间，提高效率。

● 网上求职一定要上正规的网站，比如：中华英才网、前程无忧、智联招聘、打工皇帝网、中国人才热线等。

洛克菲勒如何找工作

美国著名石油大王洛克菲勒在创业之前，先是从就业开始自己的事业的。生活所迫，年仅16岁的他不得不外出寻找工作做。为了尽快找到工作，他每天早晨很早就出门，晚上很晚才回到住处。尽管他一再被人拒之门外，仍日复一日地前往，一连坚持了42天。

最后，从事农产品运输代理的公司老板仔细看了他写的字后说："留下来试试吧！"洛克菲勒马上脱下外衣开始工作，工资的事提也没提。3个月后，他才收到第一笔补发的微薄薪酬，但他从无怨言。而且，他的工作总是做得比老板要求的更高。

有一次，老板交给他一份长长的、未经核对的账单，漫不经心地叫他对一下。洛克菲勒一丝不苟地进行了核对，最后发现了仅仅几分钱的差错。老板虽然对此很不当回事，却不得不对他认真负责的精神刮目相看。而洛克菲勒后来说："由于我第一个工作是簿记员（会计员），所以我十分尊重数字和事实。"这种基层工作培养起来的对数字的敏感，正是他日后奠定"数字化管理"的基础。

洛克菲勒在回忆自己的"创业经"时说："年轻时我为老板打工，一般人每天工作八九个小时，而我每天会工作16个小时。这除了对公司有好处外，对我个人的收益更大，这样我就可以比别人获

得更多金钱以外的价值，如熟练的个人技术、让自己更快进步的经验等。美国经济竞争如此激烈，多付出一分努力对提升个人的价值就显得更重要。多努力一分，就可以多提升个人价值一分。"

找工作要专业对口吗

如今教育与社会实际需求脱轨，造成就业与专业不对口，确实是困扰不少大学生找工作的一大难题。

如果毕业后的就业与大学阶段所学的专业对口，这样学用对接，熟门熟路，当然要轻松容易一些，有助于自己更早更快起步，人生和事业的发展相对就会比较顺利。但是，如果仅仅是为了就业而就业，为了专业对口而对口，与自己的人生追求和就业目标不符，与自己的就业定位不符，与自己的优势不符，与自己的兴趣爱好不符，就算就业与专业对口，也是错误的选择。

如果就业专业不对口，前期所学不能直接派上用场，除基础性的东西外，其他一切都得另起炉灶，从头从新开始，这样就业的难度就很大，起步无疑会困难不少。但是专业是否对口，并不能决定就业的成败，只要与自己的人生追求和就业目标相符，与自己的定位吻合，便于发挥自己的优势，同时是自己喜欢或愿意干的，就算就业与专业不对口，也是正确的选择，因为这样更可能成功，会让你有成就感，会让你更快乐。列宁说，一个人最快乐的事情莫过于干自己最喜欢干且最擅长干的事业。事实确实如此。

在现实就业市场中，有非常多的人专业并不对口，他们照样找到不错的工作。鲁迅学的是医学，却从事文学事业，成为著名的文学家；毛主席读的是师范，毕业后从事的却是政治、军事，成为伟大的开国领袖；"打工皇后"吴士宏从护士起步，从事高科技IT行业，曾任IBM中国区销售总经理和微软中国区总裁。

如果大学生在一开始选择的专业就不是按照自己的兴趣、爱好、意愿等内在因素来确定的，或者几年之后自己的兴趣、爱好、意愿发生了很大变化，所读专业不再最适合自己，那专业与职业不对口就是一种非常正确的选择，也是一个良好的职业生涯起点。

求职者应当把眼界放宽一点，完全不必拘泥于专业对口这个伪命题。对于自己不会的、不懂的、不熟悉的领域，只要你感兴趣，有钻研和学习的动力，并以积极主动的姿态，去学去做，边干边学，补上这一课，一切都将不是问题。

第一份工作要选好公司

好公司≠好工资，好公司≠大公司、强公司，大可以变小，小可以变大，弱可以变强，强也可以变弱或死亡，阿里巴巴、腾讯、健康元（太太口服液）、新东方等，都是从弱小变强大的；而太阳神、红桃K、三株和南德公司等，都曾经红极一时，现在却不知道去哪里了。所以，年轻的我们求职时不要只看到企业的现在，眼光要放长远点。

那么什么是好公司呢？

"打工皇帝"唐骏有精辟的论述。他劝告年轻人说：像微软、IBM、英特尔这样的世界500强公司，像联想、腾讯、盛大这样的优秀民营企业都是好公司。好公司的共同特点就是管理和治理结构合理、规范、简单清晰。在这样的公司工作，即便只是做前台，身处其中也能体会到一家优秀的公司在内部是如何运转的。而且在优秀的公司，能保证自己接触到的人是一群很优秀的人，有广阔的视野，能提高自己的见识。以后能爬多高的山，很大程度上取决于第一步能站到多高的台阶上。吴士宏女士进IBM就是一个最好的例子，若不是苦练打字进入IBM成为一个打杂小妹，她肯定不会成为后来的"南天王"、"打工皇

后"。人在年轻的时候，学习机会最重要，薪水反而很次要。不规范、制度不健全的公司即便给你高薪，也不要贪图眼前之利，因为在那里，你学不到东西。更可怕的是，你可能会学到错误的、不好的东西。在职场需要勤奋，也需要思路，更需要技巧！

好公司=目标明确+方向正确+理念博大+架构合理+经营健康+老板和管理层人品端正+机会多多+可学的东西多多+和谐的职场氛围+守法运营+有愿景+有前景+有钱途！

宁为鸡头，不为凤尾，可！宁为凤尾，不为鸡头，亦可！根据自己的目标和实际需要而定！凤尾也可以通过努力，加薪升职成为凤头！鸡头不努力也可能成为鸡尾巴，当然也可以通过"涅槃"成为"凤头"、"龙头"！

找好的不如找对的

人生之路，简单来说，其实就是解决两个问题：一个是"往哪儿走"，即选择正确的方向、明确的目标；另一个就是"如何走"，即如何在选择的道路上走下去，如何去实现目标。

选择的方向如果错了，就如同南辕北辙，即使我们走得再快，也是背道而驰；走得越快，离成功的目标就越遥远；选择的方向如果正确，走得再慢，也是在逐渐靠近成功的终点。就业择业的道理亦如此，找错婆家嫁错郎，在相当长的一段时间内，都会在错误的道路上走下去，浪费青春，枉费心血，得不到应有的回报和发展！反之，若找对婆家嫁对郎，之后的发展将会顺流而下，裁弯取直，飞舟戏浪！在正确的道路上坚持走下去，事半功倍，越努力就越早到达目标，获得的回报也更加丰硕。

从这个意义上来说，选择比努力更关键，更重要。找对就业的行业与企业，选对职场，对我们这些新人来说十分关键。在就业市场上，不少大学毕业生找工作单位，都希望找好的。其实，找好的不如找对的！

　　什么样的工作单位是对的？自己适合的、擅长的、占优势的就是对的。找工作单位要适合自己的实际状况，不要盲目从众，不切实际地攀比。别人好，我们要乐见其成，并研究学习，但不要心里不平衡。芸芸众生，各自有各自的人生轨迹，各自有各自的成功之道，条条道路皆可通罗马，关键是要找到有自己特色的成功之道。找工作单位没有最好，只有更好，适合自己的就是最好！

　　一块材料只有摆正位置，找到可用之处，并用在适用之处，才能发挥出它的作用。有用处的材料才是好材料，找不到用处的材料，就是剩余材料、边角材料或废材料！每个人都是一块不错的材料，只要能派上用场！找工作单位亦如此，我们只有扬长避短，找到适合自己发挥的地方，争取早日派上用场，才是务实和正确的选择。

 ## 向诸葛亮学求职

　　20岁出头的诸葛亮学成出师后，也像今天的大学生一样需要"就业"。当时北方的"曹操公司"实力雄厚，江东的"孙权公司"也相当不错，唯有无"正规营业场所"的"刘备公司"朝不保夕，看起来没有什么前途。然而，诸葛亮却不选好的，只找对的，他没有选择薪资待遇优厚的"曹操公司"或"孙权公司"，而是选择了条件最差的"刘备公司"。

　　他仔细研究了当时的社会形势和"就业状况"，找准了自己的人生定位，并通过"三顾茅庐"考察了"刘老板"的用人诚意，最终选择了"刘备公司"作为自己的工作单位。

　　由于诸葛亮找对了"工作单位"，栖了一个好"老板"刘备，再加上他才华出众，鞠躬尽瘁，死而后已，所以在"择业"和"就

业"两方面，他都取得了超级成功，建立了丰功伟业，成为古今"职业经理人的标杆"，是千秋万代就业者学习的楷模！

找对"行业场"

万事万物都有一个看不见的"场"，如"磁场"、"情场"、"商场"、"战场"等。同样，人们从事工作也有职场、行业场、工作场、人际关系场、气场等。如果说职场是总目录的话，那么行业场就是它下面的二级目录；工作场为三级目录，依此类推。

适合自己就业的行业场就是对的行业场。找对了行业场，就如磁铁的正极与负极互相吸引，工作起来如鱼得水；反之，则如磁铁的正极与正极互相排斥，工作起来犹如虎落平阳、龙困浅滩。

俗话说，男怕入错行，女怕嫁错郎。干事业最怕的是选择错了自己的行业，一旦行业选错了，事业就很难成功；选对了，则非常适合自己发展，容易取得成功。三百六十行，行行出状元。是的，但是状元只有在他适合的那一行才能成为状元，在不适合自己的行业就业，要想成为状元，难如上青天。

那么如何找对行业场呢？

首先要分析自己的特点和优势，然后去找可以发挥这些特点和优势的行业，尽量避免一厢情愿地去追逐那些热门却不是自己适合的行业。比如阿里巴巴创始人马云，如果选择做"棒棒军"，恐怕他只有饿肚子的份，因为他身材太瘦小了，力量也不大。尽管马云自信地说："男人的智慧与他的相貌成反比。"但是如果让马云一开始就当打工者，恐怕他也很难成功。因为在以貌取人的企业老总们眼里，他在"海选"时就可能被刷下来。极富创业热情的马云，最终选择了自己当老板，创建阿里巴巴电子商务网站，并使之成为该领域的世界第一。由此可见，选择适合自己的行业至关重要。

其次，找对行业场需要有长远发展的战略眼光。目前的工资暂时低一点没有关系，可以接受和忍受，只要将来有"钱途"，只要能做自己想做的事。

最后，如果在工作的过程中，发现自己"找错了婆家嫁错了郎"，就需要行"壮士断腕之举"，从自己不具优势的行业中撤退出来，到更适合自己的地方去发展。行业不存在好与坏，只存在适不适合自己的问题；适合自己的行业，便是最好的行业。

 ## "不可造就之才"获得诺贝尔奖

奥托·瓦拉赫年轻时由于选择的行业不对，结果不但一事无成，还被认为是"不可造就之才"，成为失败的代名词。

他先是选择走文学道路，想成为作家，然而得到的评语却是："瓦拉赫很用功，但过分拘泥，这样的人即使有完美的品德，也不可能在文学上发挥出来。"于是他改走油画道路，可是他既不善于构图，又不会润色，对艺术的理解力也不强，常常位列倒数第一，被权威们认为是绘画艺术行业里的"不可造就之才。"

面对如此笨拙的之人，绝大部分人都认为他此生成功无望。只有一位化学专业的行家认为他做事一丝不苟，具备做好化学实验应有的品格，建议他改走化学之路。奥托·瓦拉赫接受了建议。这下，他的智慧火花被点着了。这位在文学和油画两个行业里的"不可造就之才"，在化学领域如鱼得水，一下子成了能力超群的人。尽管在择业方面几经波折，但奥托·瓦拉赫最终还是由于选对了行业，在适合自己的领域越干越好，从一个"不可造就之才"，成为著名科学家，并获得了诺贝尔化学奖。

找对"工作场"

工作场，也就是工作单位、工作性质、工作地域、工作环境、工作邻居等组成的综合氛围。适合自己发挥，干得自在，做得开心，是对的工作场；水土不服，处处受牵制，有才能不能施展，有任务却又不是自己擅长的，尽心尽力，却受气受累，干得窝囊，结果很不理想，是错误的工作场。

找工作单位要找对适合自己发挥的"工作场"。如何找到适合自己发挥的工作场呢？

首先，在众多的招聘单位中，找出自己喜欢的，同时又是自己适合的单位，尽量多地搜集这些企业的信息，通过它们的广告、资料、企业标识、企业文化理念、人员素质、工作作风、外在形象、办公场地、社会口碑、老员工评价等众多渠道，对它们进行一个基本了解。

其次，要尽可能地了解清楚下列问题：企业名称是什么？是什么性质的企业？有什么特点？单位地址在哪里？上班环境如何？单位规模有多大？员工有多少？企业经营状况如何？效益好吗？企业的社会背景和发展前景如何？组织架构合理吗？制度健全吗？老板是谁？老板及公司主管人品如何？管理是否真的人性化？内部人事关系复杂吗？我能适应吗？有企业文化吗？与自己的人生观发生冲突吗？老员工的工资和福利待遇状况如何？收入有保障吗？克扣薪资吗？承诺能兑现吗？老员工反映这个公司好不好？签不签劳动合同？每天工作时间是多久？每周休息几天？按照国家规定的执行没有？我在这里上班安全吗？我在这里上班交通方便吗？每天上下班的交通费用高吗？我能够做这份工作吗？喜欢或愿意做这份工作吗？如果应聘上，我打算在这家公司干多久？我在这里能学到什么东西？会有什么收获吗？我在这儿能升职加薪吗？将来的发展空间有多大？……

如果这些问题你能很清楚地知道答案，就表明你对自己的工作单位的了解已经足够清楚。在此基础上，这份工作是不是你想要的，答案也就非常清楚了。

当遭遇"不招女生"

尽管王华早上7点就从家里出发了，可当她赶到招聘会场时，还是发现自己来晚了些，因为现场早已经排起了等候入场的"长龙"。她在寒风中足足等了一个多小时才得以入场，因此倍加珍惜这个机会，很希望通过和招聘单位的初次交流，给对方留下好印象。

但在数百家招聘单位中，她发现招土木工程专业的并不多。当看到和自己专业完全相符的岗位时，她相当激动。然而，当她满心欢喜地将简历交给招聘官时，对方直接拒绝道："对不起，我们不招女生！"作为一个女生，当初报考土木工程专业时，她并没有想到如今求职会这么困难。现在遇到这样的"礼遇"，顿时感觉鼻子酸溜溜的，真有点恨自己为什么不是男生。

经历了一次又一次的失败，王华简直不知道自己适合什么行业的工作了，也不知道自己在社会上到底应该处于什么位置。她彷徨着，不知道哪儿是她的去路。难道现实就是这么残酷吗？就在她自怨自艾、失去目标的时候，就业指导中心的老师推荐她到相关行业去找工作，比如房地产公司。于是她采纳老师的意见，将求职自荐书寄出一个星期后，很快就接到了当地一家房地产企业的面试通知。但她仍然不免担心他们也不需要女生，最后空欢喜一场。她想，其实很多工程公司不招女生也有自己的考虑，毕竟在工地上，

与男生相比，女生存在诸多不便。想明白了这一点，她对即将到来的面试便有了充分的心理准备。她对自己重新进行了行业定位、岗位定位和薪水定位，决定应聘该房地产公司的预决算一职，这样不仅可以学以致用，也比较适合女生。

经过两个多小时的漫长面试，面试官终于决定聘用她。那一刻，王华终于体会到了自我价值被承认的快乐，那是属于一个土木工程专业女生的价值。

在现实就业市场上，难免会遭遇到"不招女生"这样的性别歧视和其他不公正待遇。事实上，很多工作环境可能真的并不适合女生。所以我们在择业时，与其抱怨性别歧视和种种不公，还不如自己准确定位，选择适合自身特点的岗位，找对适合自己工作的行业场和工作场，才能提高求职成功率。

找对"人际关系场"

找工作单位要找对适合自己生存的"人际关系场"。

如果老板、上司和同事与本人的价值观相同或相近，能力互补，性格脾气相投，相处融洽，那么这样的人际关系场，对求职者来说就是对的人际关系场；反之，如果彼此相克，则是错的人际关系场。

选择适合自己的老板，选择激励、爱护和重用自己的上司，选择团结合作的同事，就是选择适合自己的人际关系场！跟好人学好人，近朱者赤，近墨者黑，出污泥而不染则很难。选择对的人际关系场，择友而交，可在有意和无意中促使自己进步，潜移默化！

找对"气场"

找工作单位要找对适合自己工作的"气场"。只要有人的地方，就有一种特别的氛围，就存在着某种看不见却能感觉得到的环境特质。

比如有的工作单位内洋溢着正气、生气与和气，而有的单位则充满着邪气、阴气、死气！如果是后者，既不是你的工作能力不够，也不是你不会玩"办公室政治"，而是一种看不见的氛围让你心有余悸，工作起来感觉压抑、难受和心累。就因为你的工作"气场"不对头，难免要常常生气和受气。找工作时，要学会看看自己将来工作的环境气氛对不对，看看其他同事的工作面貌，看看自己能否适应那种工作"气场"。

尽管讲了不少找工作的策略和方法，但是找工作最关键还是要靠自己，求人不如求己。李嘉诚的父亲在临终时，给他留下的最后一句话是"求人不如求己"。李嘉诚正是记住了父亲在撒手人间那一刹那的教诲，一生本着求人不如求己，奋发图强，取得了辉煌的成就，成为全球华人首富。

第五章

破译面试密码

——从海选中晋级，在PK中决胜

读大四的小朱堪称"面霸"，他先后投了几百份简历，参加了40多次面试，有"海选"，有初试，有复试，还有终试，却始终没有应聘上一份心仪的工作。他戏称自己是初入"面场"的"菜鸟"，不知道自己的面试方法出了什么问题，也不知道在面试时究竟该如何去展示自己才会获得成功。

郑州某大学的小刘最近一直在忙着找工作，他说现在面试时老板总不按套路出牌，常常让他手足无措，不知如何应对是好。

上海一位漂亮的大四女生在谈到面试的感受时，很气愤地说："最可恶的是有些老板问她，如果遇到客户有性骚扰行为怎么办？"她真不知道该如何回答这样让女孩子十分尴尬的"炸弹"问题。

事实上，遇到诸如此类面试问题的大学毕业生不在少数。

面试究竟是怎么回事？有些什么秘密和应对良策？作为大学毕业生，我们该如何去参加面试？又如何从"海选"中晋级，在PK中决胜呢？

作为曾经的大学生求职者和外资企业老总，具有双重经历和身份的我，算是面试方面的"双重间谍"与"面试达人"，深知那些不为职场新人所知的面试机密与"绝招"，奉献出来，以助新手们参加面试取得成功。

>>面试密码

"选秀"

面试就好比是一场"超级职场秀"，招聘方既是主办者又是"评委"，求职者就是"参赛者"。招聘方在其指定的时间、地点及场所，

以其设计的某种方式，公开或暗中对应聘者进行考察和考验。应聘者一般先需要经过"海选"，即初试。初试主要以展示个人的基本实力为主，淘汰掉与主办者基本要求不相符者，剩下来的少数精英方可进入下一关，即复试。复试以各方面能力考察为主，由"评委"投票决定同一岗位的前二强或前几强，方能进入最后一关PK，即终试。终试一般由企业"总"字级核心高层出面进行，主要以综合素质、人品、能力与报酬的"性价比"等考察为主。根据终极PK成绩，结合初试、复试表现，评出竞争同一工作岗位的"求职冠军"。一般来说，企业"选秀"就这三关，当然也有二关或更多关的。对于非"铁饭碗"、实行双向选择的用人单位来说，一般采用此法"招兵买马"，应聘者必须"过五关，斩六将"，才能进入用人单位内部成为一名正式员工。

模式

一般来说，面试时面试官常常与应聘者进行问答式谈话，包括招聘方提问、应聘者自我简介，以及招聘者认为必要的知识交流、思想交流、情感交流等内容，以达到充分了解应聘者的优点、缺点、特点、工作经验、工作能力、知识水平、为人品行等情况的目的，然后决定是否聘用。

有时，面试还需要进行现场技能测试和有针对性的笔试。面试时的笔试和学校的考试是不一样的，内容通常只与用人单位从事的行业和经营需要有关，与招聘单位的秘密标准和独特价值取向有关。常常是一些相关常识和专业知识问答，以及心理测试等。

用人单位一般根据自己的经营理念、人事制度、企业文化和领导指示，设计选择适合本企业的面试模式。求职者面试时之所以会产生恐惧，主要是因为对面试的模式、环境、人员等感到陌生造成的。预先学会识别一些常见的面试模式，可增强面试适应能力，有效避免临场紧张与慌乱。面试的模式多种多样，最常见的面试模式主要为：

● 聊天式：就是像聊天一样，双方进行招聘者认为必要的知识、思想、观念、情感等内容交流，以达到彼此了解的目的。

● 质问式：就是由面试官咄咄逼人地提问，应聘者疲于回答。这种模式的面试场面十分沉闷，应聘者一般感觉压力很大，它主要考察应聘者适应环境、应对压力和在压力环境下解决问题的职业能力等。

● 流水式：应聘者就像流水生产线上的产品，被输送到一个又一个的面试官那儿接受面试。这种面试常常把应聘者搞得筋疲力尽，压力很大。它主要为招聘重要职位人员设计，每个环节的面试官都重要，从始至终都需要表现出良好的精神面貌。流水式是就业市场上最流行的一种面试模式。

● 天气式：面试官好像不务正业，只与我们谈论天气变化、娱乐、时事、体育等内容，发表他的观点，听取我们的见解。遇到这样的情形，说明面试官对我们的能力已经认可，他主要关心的是我们的性格脾气、兴趣爱好等，看看将来是不是一个相处愉快的工作伙伴。我们越表现得和谐、易处、可爱和有安全感，就越容易成功。

● 筛选式：就是通过人工或技术手段，按照内定的秘密标准，对应聘者的基本条件，比如外貌、身高、性别、学历、专业、年龄等技术指标，进行机械的筛选，符合的就入选，不符合的直接拒接。这种模式常见于"海选"或初试时，由基层人事专员、人事助理、秘书等负责照章执行。对于这样的面试官，条件符合时，我们需要和他建立友好关系，以免被他拒之门外；若有个别条件与要求不符合时，要强调自己别的优势，并恳请他通融。实在通不过时，亦可想法悄悄绕过他直接找高层争取下一轮面试机会。

● 主管式：面试的人就是我们将来工作中的顶头上司，他要招的就是他的属下和助手。遇到这种模式，面试时要站稳立场，坚决站到主管

一边，要表现出对他的鼎力支持，否则，凡是表现出对他不够尊重、不服从和较难管理的人，都不会被他聘用。

● 高层式：就是指我们被秘书或人事助理引荐去见公司里的大人物，并接受大人物的面试。对于这样的大人物，态度要尽量毕恭毕敬，并说些并不露骨的恭维话；表现出良好的职业素养、积极的工作态度、乐观向上的精神，特别是对他和他公司的忠诚度，因为大人物最关心这些内容。

● 外行式：有时候负责招聘的面试官，并不是搞人力资源工作的内行，可能是从其他部门调来的新手。遇到这种情况，可以适当反客为主，主动与面试官本人建立联系，引导他进入我们的推销时间，而不是被他引导进入他的演讲时间。要抓住机会成为面试的主角，制造"明星效应"，以俘获他的"芳心"。

● 专家式：就是指负责招聘的面试官，比如人事经理、分管人事的副总、资深顾问等，是从事人力资源工作的内行或专家。这样的人对于如何面试最为训练有素，"阴谋诡计"众多，求职者需要全面掌握本章讲解的所有秘诀，才有可能经得起他们的考察、考验与刁难。

对手

面试时，不得不面对的对手有两种，一是求职竞争者，一是竭尽所能"刁难"我们，且与我们"面对面"的面试官。

所有参加应聘的人，都是和我们争夺数量屈指可数的工作岗位的直接竞争对手。对于这样的"同类"，既要友好相处，以显示自身良好的素质和涵养，同时又要将自己的核心竞争力，或者说制胜绝招，藏而不露，以便关键时刻克"敌"制胜。千万不可毫不设防，露光了家底，让自己处于不利的竞争局面。因为这毕竟不是开party和交友，而是关乎切身利益的求职PK擂台。

面试官一般由公司管理层担任,有时初试的面试官由人事部门普通职员担任。职场中人常常把由一个面试官单独面试一个应聘者比喻成"单挑",把由多个面试官集体面试一个应聘者比喻成"群殴"。无论"单挑",还是被"群殴",对于这些掌握着晋级大权的"评委",我们要非常认真地对待,不要保留,有什么高招和绝活,都要抓住机会展露出来,以便打动对方,赢得关键一票。

"诡计"

面试官知道,在面试时每一个应聘者都是经过精心准备和巧妙包装的,防备心都很强,通常只会表现出最好的一面,如果仅仅是从正面考察,很难突破求职者设置的"防护网",无法看清其"真面目"。只有在非常时刻,才方显英雄本色。于是出于职责的需要,"狡猾"的面试官常常使出诸多"阴谋诡计",设套让面试者去钻,以求扒光应聘者的伪装,露出"狐狸尾巴",从而挑选出真正适合企业需要的"千里马"。

事实上,除了个别面试官或老板居心不良之外,不少用人单位之所以面试搞些阴谋诡计,目的在于通过察言观色,听其话外之音、言外之意,看其非常之举等,衡量求职者的素质、潜能、创造性、抗压能力、快速应变能力、危机处理能力、自我控制能力与情绪稳定性等,以求对应聘者有更加深入的了解。

常见的面试"诡计"有:不予理睬、下马威、"炸弹"问题、故意刁难、突然中断、不断打岔、集体"炮击"、意外电话、非常规性面试、无间道、苦肉计、隔岸观火、旁敲侧击、抛砖引玉、笑里藏刀、渔夫钓鱼、诱敌深入、狩猎陷阱、"鸿门宴",等等。

 ## 招聘背后

　　我曾在某公司担任总经理，常常负责"招兵买马"。有一次招聘却不同寻常，背后机密只有我和董事长两人知道。

　　原来，董事长的公子贝克（化名）从海外大学毕业后，来到我们公司参与财务工作。由于刚来，贝克严重"水土不服"。董事长工作繁忙，很少有时间陪他。贝克在新的环境中没有一个朋友，十分孤单。董事长找婚介给他介绍对象，结果不但恋爱没谈成，还被骗了不少钱财，让他更感心痛。从大学生到企业职员，从海外到大陆，从朋友众多，到恋爱失败，孤孤单单一个人在异地他乡，贝克经历着一次难度、宽度都最大的人生跨越。原本性格有些内向的他，患上了抑郁症，快崩溃了。董事长见状，便找到我商量解决办法。他说："唐总，你经历丰富，与贝克年龄相差不大，我让贝克认你做老师，你教教他，像哥哥、朋友那样带他走出低谷好不好？"董事长栽培过我，于我有恩，我岂有不答应之理。

　　于是，我策划了一次招聘活动，并亲拟招聘广告交给人事部去报社刊登。招聘广告见报后，如期前来应聘的人不少，其中不乏年轻貌美的女大学毕业生。经过面试筛选，并由董事长和贝克认可，小李等大学毕业生最终进入了公司试用。结果品行良好、相貌气质俱佳的小李，与贝克在工作中相互来电了，真正谈起了恋爱。

　　这次招聘背后的秘密，只有董事长和我知道，包括小李在内的所有应聘者都不知情，即所谓的招聘"董事长秘书"、"总经理助理"、"办公室文员"等都只是一个幌子，其实是暗地里给贝克招女朋友，这事连贝克本人也被蒙在鼓里。我们招聘的秘密标准是：

凡是有男朋友陪同的不要；凡是势利贪财的不要；品行表现不好的不要；相貌气质差的当然更不合适。

>>面试解码

求职之重，重在面试。面试场犹如战场，是战场就有胜败。在当前供过于求的人才市场上，对于不少新人来说，面试失败的几率不小，特别是在求职的初始阶段。有些失败原本是可以避免的，有些代价原本是不必付出的，只要我们搞懂面试，并掌握必要的方法，面试其实无难事！

撩开面试的神秘面纱

搞懂面试，才能更好地参加面试。

面试的秘密就是：要让自己的实力在短暂几分钟内爆发，要么打动"评委"过关，要么被淘汰出局。

面试的诀窍就是：要首先引起面试官的注意，并使之对自己产生浓厚兴趣，然后形成聘用自己的强烈冲动，最后再通过自己努力"促销"，包括言行举止到位，把握好机会，工资待遇要价合理，给对方一个期望空间等，从而促使对方下定决心认定聘用这个人准没错，直至双方签订劳动合同"成交"！

面试事实上是一门行为艺术，它不仅包含了实力的较量，还需要较量技巧和灵性的对答。

尽管面试的问题花样百出，千变万化，但是万变不离其宗——你是一个什么样的人？你为何来应聘？你对公司怎么看？你过去做过些什

么，业绩如何？你现在能为公司做些什么？你和其他应聘者的区别是什么？你是不是足够胜任这份工作？如果面试成功你会怎么工作？你希望得到什么样的回报？你有什么兴趣爱好专长？……

面试其实就是面试官对应聘者观其形，听其声，察其人，评其能，定其价的过程。

● 观其形，就是"相面"与"相形"，当然不是算命先生看相，而是观察应聘者的性别、外貌、身高、体形、姿态、行为举止等，以此方式了解应聘者的生理特征。

● 听其声，就是通过应聘者的谈话内容、语气、音色、音量、音调等，了解应聘者的自信心、口才、知识水平等。

● 察其人，就是招聘者往往以其设计的某种方式，公开或暗中对应聘者进行考察，甚至是考验，以了解应聘者的责任心、心态、职业素养、道德品质、工作态度、工作作风、工作经验、纪律性、团队精神等。

● 评其能，就是通过面试、笔试、考察和考验等，对应聘者的适应能力、思考和解决问题的能力、自我激励能力、领导能力、交流能力（口头和书面）、交际能力、协作能力、随机应变能力等进行综合了解，然后由"评委"们进行分析和评级，决定取舍。

● 定其价，就是根据应聘者的综合表现，了解应聘者的价值区间，初步确定其薪酬水准。

面试不仅是面试官在面试你，事实上你也在面试他，是双方互相在面试，他了解你的能力，你了解他公司的实力；他希望你有培养潜力，你希望他有发展"钱力"；他希望你有才有德，你希望他惟诚惟信；他希望你是千里马"胃口"还不大，用起来顺手又划算，你希望他是伯乐出手够大方，决不拖欠工资待遇。

准备100%，提防发挥"打折"

面试也许只是很短暂的事情，但是决定那短暂表现的，却是之前长期的功力积累，和事前精心的准备，并让它们集中在该爆发时有效地爆发出来。实战中准备100%，在发挥时往往要"打折"，若要发挥出100%的水平，往往需要准备200%，甚至更多！面试时出现差错，往往是由于准备不充分和应变能力不足造成的。凡事预则立，不预则废，除了必须重视面试时的临场发挥外，还应当重视面试前的相关准备工作。

为了避免面试时"打折"，应当提前精心做好下面五个方面的准备。

首先，要做好面试谋略准备，提前研究出恰当可行的应聘对策。面试也需要讲究谋略，提前思考准备，找出对策，以求决胜面试之时。事前要进行调查研究，根据了解的情况进行分析，找出相应的对策。比如是打算以情动人，还是以理服人？是以自己的美貌迷人，还是以自己不俗的涵养和气质动人？是"秀"出自己的才华，还是展示自己的功力？是突出自己的经验，还是强调自己的可塑性？是靠综合实力取胜，还是凭"独门绝技"技压群芳？又比如时间策略，是提前到、准时到，还是迟到，怎么样做最好？刘备"面试"诸葛亮时，诸葛亮选择的是"迟到"，他迟迟不肯露真容。

其次，要做好面试物资的准备，可理出面试时需带上的资料清单如下，提前准备好有关证件、资料和物品。

● 必带：《自荐书》或《自我简历》至少一份。应提前准备好，不要到了现场才临时"抱佛脚"，这样匆忙写出来的自荐书或简历质量难以保证。

● 必带：本人身份证原件及身份证复印件至少一份。注意在身份证复印件上注明"仅供应聘使用，再复印和用作它途无效"等字样，以免

被人利用。

●必带：本人最高学历证、学位证原件及复印件至少各一份。把自己的学历证、学位证，都带上吧，对证明自己只有好处没有坏处。

●建议带：公文包或手提包。应准备一个质量较好的公文包或手提包，用于装自己应聘的证件、资料和其他物品，不要随便拿个书包、手提袋或超市购物袋装着就去面试，印象不好。

●建议带：笔记本一个，笔一支，便于随时作记录。钢笔、签字笔、圆珠笔皆可，但不要用铅笔。不要到了现场到处去找笔、借笔、要纸等，印象不好。

●建议带：本人近期免冠证件照片2张，彩色黑白均可，1寸或2寸为宜。

●可带：电话本一个，用于记录招聘单位名称、地址、电话、联系人等。

●可带：本人过去在其他单位工作使用过的名片、工作证、健康证、职称证书等资料，这些东西能起到证明自己的作用。

●可带：其他能证明本人能力、经验、学识、特点的有关资料、证件、获奖证书等。

"化装侦察"

恐惧往往是由于不熟悉环境和不了解情况造成的。专业的军队，在作战前必然对敌情进行侦察；同样，有经验的应聘者，也总是在事前先摸摸底。面试对于大学毕业生而言，是从学校走向社会的第一关，是从书本理论到货真价实实战的第一步。要想在面试中取胜，就需要将面试的情况了解清楚，面试前我们十分有必要进行一次"化装侦察"与"案前踩点"。

要提前熟悉道路交通状况。去面试前，一定要先了解清楚面试的详细地点、环境状况、交通道路状况、安全状况等，要弄清楚地点远不远，地方好不好找，有没有安全隐忧，路上会不会堵车，提前多少时间出发最合适，坐什么车过去最方便快捷等。

对于自己心仪的重点招聘企业，可以像军队一样"化装"去侦察一下，了解它究竟是一个什么样的企业。可以在网络、报纸杂志等媒体上，通过网络搜索、剪报等方式，研究它的招聘资料、营销资料、官方网站、社会公告、工商档案等，弄清你要应聘企业的"真面目"。

还可以利用电话侦察，可以用化名打电话到你应聘的企业，非常礼貌、客气、简洁地询问，核实清楚面试的具体时间、地点，需要准备些什么东西，需要带些什么证件、资料等。在电话中，要想办法尽量探听到是由什么样的人对自己进行面试，以及面试的方式、程序、场所等情况。

利用电话侦察要讲究技巧，可以采用"开门见山"的方式，也可以采用"曲径通幽"方式，还可以采用"抛砖引玉"、"旁敲侧击"、"打草惊蛇"、"拐弯抹角"等方式。究竟采用什么方式好，关键是看临场发挥，具体情况具体分析，随机应变，什么适合就采用什么。

电话侦察要执著，不要打一次电话吃了"闭门羹"就放弃了。一次电话没打成功，继续打第二次，直到将情况侦察清楚为止。注意还要放聪明点，要"打一枪"换一个地方，第二次可以换一个电话打，还可以变换一种声音打，也可以请朋友帮忙打。注意不要让对方烦，造成不好印象。

还可以事先到企业所在地进行"踩点"，通过问询企业周边人员，并观察该企业员工、办公环境、客户往来等了解情况。

 唐骏面试前是如何"踩点"的

1994年10月17日，唐骏去美国西雅图微软总部参加面试。

去微软面试之前，唐骏就读了很多有关微软面试的文章，并做了相应的准备。大家都说微软的员工是用面试来释放自己的工作压力的，因为微软的面试是出了名的整人。他早就做好了"被人整"的心理准备。

虽然面试是从上午9点开始，但早晨8点不到，他就来到微软，找到了微软人事部的25号楼，就开始在微软内部熟悉环境。他发现微软总部是开放式的，整个公司由25幢大楼组成，环境实在是太美了，就像公园一样，到处是整齐的花卉和草坪。这里的人把公司叫Campus，楼与楼之间距离很远，Campus内用小巴士摆渡。不来这里真的不知道美国大公司是什么样的，和他在洛杉矶见到的公司以及他自己的公司相比，那些就真的不能叫公司了。他突然有一种感慨，发现以前自己实在是见识太小了，现在真是大开了眼界！通过提前"踩点"，他对微软公司有了更深刻的认识，也对即将到来的面试有了更充分的思想准备。

8点半唐骏准时来到了人事部，招聘助理给了他一份时间安排表。

即便是唐骏那样的成功人士，面试前也会先"侦察"，提前准备，其好处是显而易见的，唐骏先找到负责面试的人事部的具体楼层、房号等，就避免了因堵车、上班高峰电梯拥挤等原因迟到，或时间到了仍慌慌张张找不到面试处。提前"踩点"还让唐骏感慨良多，收获不小。他知道了美国大公司是什么样的，发现自己之前实在是见识太少了。

唐骏虽然提前到了人事部，但并没有马上敲门进去。8点半他准时来到了人事部，招聘助理给了他一份他的时间安排。这是为何？因为他要守时，守时是商业社会一个人最起码的职业素养。守时就是既不迟到，也不能早到，没有经验的人要注意这点。

我是最棒的

不少人在面试时，特别是面对重要机会时，难免紧张。普通人都有的怕生、怯场、没有自信心、神情紧张等情绪，如果在面试时出现，该怎么办呢？

第一，别把自己当明星，别以为自己站在舞台中央，别以为自己受人瞩目，因为事实上除了你在非常关注自己，其他人可能根本就没把你放在心上，就像你常常没有关注到别人一样。因此，没必要把自己当明星一样，对自己要求太高，可以随心所欲地做好自己应该做的事情。

第二，来点阿Q精神胜利法，别把面试官当神看，只把他当人。而且，一般来讲，官越大、级别越高、事业越成功的人，其涵养也越高，更平易近人，更好相处。很多领导都是爱才、识才、惜才的，他们经验丰富，善解人意。所以，可以很轻松地去面试，以谦虚请教的心态，跟他交朋友的心态去面试，也许会有意想不到的好结果！

第三，以退为进，直面恐惧。即首先坦然承认自己的紧张与恐惧，不回避问题本身，实事求是地面对它。恐惧并不在恐惧本身，而在于我们内心往往自视甚高，老把自己当英雄不愿承认恐惧，不敢和它"面对面"，认为这样做会"低人一等"！心理学家研究认为，让紧张的情绪得到输导，得到发泄，比人为去堵塞它更加健康和有效！

第四，明知不敌，也勇敢地亮剑。退无可退，就拿出自己的勇气豁出去，置之死地而后生。只有积极主动的人，才有可能打动面试官；畏

首畏尾的人，往往是失败者的代名词。宁愿在积极努力中失败，也不要在被动的等待中失去机会。积极的失败是成功，消极的失败是更大的失败！

"功夫皇帝"李小龙认为："我们为什么会害怕？这是由于我们做事不能当机立断，一旦犹豫不决的时候，我们便会畏缩。但如果能够对某件事作明确的判断时，不论有无价值，我们都不会畏缩。对某件事视作极端毫无价值，这也是勇敢的表现；对某件事视为绝对成功或视为当然时，这一样是勇敢的表现，但是如果对某件事束手无策的话，那么便是畏缩了。对敌亦是一样，只要用信心去鼓舞自己，纵使失败，精神上仍是胜利的。想要增加自己的信心和尊严，只要多作实际行动，实际行动可以表现自己的才干，同时你会懂得和恰地与人相处。我们一定要克制自己的情绪，不要被情绪所困扰，不良的情绪只会阻碍到我们学习或发展事业。"

第五，自我暗示，主动给自己一些乐观、积极、轻松的心理暗示，多想想自己那些轻松快乐的"好日子"，为自己减压。

第六，做最好的准备，做最坏的打算。就算万一这次失败了，也没什么大不了，可从头再来！好好总结经验教训，下次就能做得更好。只要自己尽力了，就无怨无悔。

永远相信自己是最棒的，充满自信，不卑不亢地去面试！相信自己，克服自卑，要敢于展示自己的力量。

注意面试之中，提防面试之外

用人单位求贤若渴，无不想招到"千里马"与"福将"，然而它也十分忌惮"引狼入室"，害怕因此付出的成本代价过大！因此招聘方随时睁大了眼睛在明察秋毫，负责招聘的人事部门职员是公开的审核者，而其他部门的人员则是隐形的"线人"。如果他们暗中发现应聘者表现欠佳，显露出消极、危险的信号，他们就会向面试官"告密"，成为阻止求职者过关的"拦路虎"；反之，如果求职者表现出色，显露出积极、安全的信号，他们也会成为通关的"引路人"。面试不仅在面试之中，也在面试之外，不管面试官在场不在场，有没有人监督，自己都要一个样，要保持自己良好的本色，不要自以为没有人管时就露出"狐狸尾巴"，不少人就是这样被淘汰出局的。

无论是电梯间、过道、大门外、卫生间，还是在面试待候室，都要注意自己的表现，不要放松警惕，始终如一，不能场内一个样，场外又另一个样。无论是接私人电话，还是与人交谈，都要注意自己的谈吐，并不要影响他人。

另外，还要注意安全。面试时要机警，到达面试地点时，要先观察道路出口，做好应急准备。女生尽量不要单独外出面试，绝对不要在夜间去面试，尽量不要去偏僻、危险的地方面试。如果可能的话，要和同学、朋友等熟人结伴外出，以保安全。面试时，要尽量避免食用对方提供的不明饮料、点心等食品。

第一印象最重要

有职场经验的人都非常重视自己给别人的第一印象，因为良好的开端，是成功的一半！如果给人的第一印象良好，就会站在一个相对比较高的起点上，开始你的职业生涯。反之，则有可能失去了面试的这份工作，即使能面上，在开始工作之后，也会遇到这样或那样的阻碍。可能花费很多时间和精力，付出不小的代价。所以，给可能的同事、上司留下美好的第一印象，为自己创造无形资产和好口碑，受益良久。

那么作为求职新人，如何才能给人良好的第一印象呢？

作者把产生良好第一印象的方法总结为"面试十八点"，即：面貌新一点，仪表美一点，身上净一点，精神振一点，礼貌多一点，态度

好一点，微笑露一点，嘴巴甜一点，眼睛尖一点，脑筋活一点，步伐快一点，动作小一点，自信足一点，胆子大一点，应对勇一点，处事稳一点，业务专一点，能力强一点。

肢体语言会出卖你

面试时绝大多数的应聘者都十分重视语言的表达，却往往忽视了另一种同样关键的语言，即非语言形式交流的肢体语言。其实，学会如何与对方有效交流，比你自己滔滔不绝地讲话更为重要！

一个眼色，一个表情，一举手，一投足等肢体动作，就是一种表达，细节决定成败，重视任何细微的肢体语言，有助于面试获得成功。

那么面试时如何注意肢体语言，才不至于被它出卖了呢？

保持身体距离

注意与人交谈的恰当距离，一般身体与对方相距75~100厘米最为合适，不要入侵别人的私人空间，也不能离得太远。大多数人都可能没有意识到，当与对方谈话投机时，自己会下意识地靠近对方，而这无意之中很可能冒犯了对方的个人空间，并给对方造成了一种胁迫感。但距离太远会显得自己不够庄重，让人怀疑你的态度和自信心。

善用目光交流

眼睛是心灵的窗户，很多优秀演员、公关专家、恋爱高手等，都非常善于用眼睛勾住对方的魂儿。面试时眼睛看着对方的脸部，最好平视对方的眼睛、鼻子、嘴唇等地方，眼光由对方的眼睛到鼻子，再到嘴巴，慢慢地由上往下看，再由下往上看，这样循环地慢慢游走，让对方不紧张，自己也不紧张。不要仰着头向上看，向上看会让人觉得傲慢、目中无人；也不要往下看，向下看会让人觉得自卑、没有自信。也不要左看右看，东张西望会让人觉得你不专心、不自信。当然，也不能一直直视对方眼睛，这样会使自己和对方局促不安，并显得不礼貌，有挑衅意味。同时，眼睛要自然眨动，不要快速不停地眨动，也不要盯着对方长时间不眨动，这样做会让自己紧张，也会让对方紧张。说话时，眼睛始终不和面试官的眼睛接触，那会表明你对自己所说的话没有信心，或者在暗示你撒谎；倾听时，四处观望，表明你对正在交谈的话题并不感兴趣或注意力不够集中。

注意面部表情

很多大学生在面试时，要么表情木讷，面部肌肉僵化；要么神情紧张，气氛沉闷；要么表情夸张，皮笑肉不笑。这些都是不会成功的面部表情。面试时，你必须做的就是面带微笑。微笑是最好的交流手段，可以很快消除对方的敌意，拉近彼此的心理距离。据世界上最大的超市沃尔玛公司研究，刚好露出8颗牙齿的微笑，是最佳的微笑方式，可以照着镜子练就此微笑本领。微笑一定要真诚，要发自内心地笑，要皮笑、肉笑、眼笑和心笑。可笑、该笑之时，会心地微笑一下，开场时和结束时要保持微笑，可以给人一种亲和、轻松、愉快和自信的感觉。

行如风

面试时，走路要"行如风"，步速平稳，稍快，但不能太快，太快则表明自己心急、紧张、不自信。当然也不能太慢，太慢表明拖沓、懒散、效率不高，给人老态龙钟的感觉。

尽量走直线前进，双脚走八字步。走路要自信，眼睛要平视前方，腰杆要挺直，头与身体保持直线，略抬头，不要低着头，也不要仰着头，双手自然摆动，步距要适中。走路时，脚后跟要先着地，然后脚掌再紧跟着着地，不要脚尖先着地，这样走路不平稳，不美观，也不对头。

站如松

站立时身体应自然站直，双脚略微分开，站成外"八"字，背要

平，腰要直，胸要挺。双手自然垂下或交叉放于身前也可，若放在身后更能体现自信。站立的时候不要左脚靠右脚，身体不要抖动，不要左右摇摆晃动，不要前倾后仰，不要转来转去，不要东走一下西看一下，不要将双手抄在衣袋里面，也不要摸这弄那，更不要弄出声音。

坐如钟

自然坐下，身体适当坐在椅子的前面一点，双腿并拢不要大敞开，大敞开不文雅，会让对方认为自己没有涵养。女性穿裙子时，坐着双腿一定要并拢，不仅表明自己有涵养，同时也可以避免"春光外泄"。坐着时，身体要适当往前倾，前倾不要超过20度，双手自然放在大腿上，表明自己在认真聆听，与人相处有亲和力。坐着时，身体往后躺着，肢体语言表明自己傲慢，不屑于聆听他人讲话。

少用手势

在面试中最好少用手势为佳，因为你做得越多，犯错误的概率就越大。面试中使用手势，很容易弄巧成拙，让人感觉滑稽、夸张和矫揉造作。即便不得不使用手势，也应适度，不要太过夸张。

避免不雅动作

无论是站着，还是坐着，都不能有不雅的小动作。腿脚不要不停地抖动，椅子不要转来转去，不要坐立不安，不要做出吐舌头、掐皮肤、吹口哨、摸鼻子、掏耳朵、咬手指、清嗓子、摆弄头发、玩弄其他物品等动作。这些不雅的肢体动作，会暴露你缺乏职业素养和自信，带来消极后果，趁早改掉为好。

上述肢体语言要求说起来容易，做起来难。最好在平时就多加练习，用镜子对照，或用摄像机录下来，或请朋友帮忙指正，反复训练，直到养成良好的职业习惯为止。

用职业素养说话最有说服力

实战经验丰富、炼就阅人火眼金睛的招聘官往往不是看求职者怎么说的，而是看怎么做的。所以，在面试时应当多行动，少说话，也就是要用良好的职业素养来说话，才最具说服力。

等待面试时，不要吹牛，不要高声喧哗、哗众取宠，杜绝轻浮、轻佻的动作，尽快进入面试状态。

喝了水的茶杯要及时倒掉，不要丢三落四，留下"脏、乱、差"的印象。上了卫生间要记得冲洗干净，最好将洗手台盆等也打理干净，不要将麻烦留给别人。如果发现公司个别地方不清洁，最好主动帮忙弄干净。如果有其他类似事情，可以同样帮助处理一下。

未经允许，不要擅动他人文件、资料、电脑和其他物品。若有使用，要注意节约用水、电、油、笔、墨、纸张等物品。用过的办公用品要放回原位，摆放整齐，且不忘致谢。自己面试的物品、文件、资料等，一定要保管好，不要在现场丢失东西，给人一种粗心大意、办事不牢靠的印象。

轮到自己面试时，进门前要先轻轻敲门，待允许后方可进门。出门时要记得顺手将门带上。面试时不要接手机，应提前将手机关机。第一次与面试官见面，就要记住他的大名，并注意称呼得当，有礼貌。

要诚实正直，不要撒谎和欺骗，因为其代价十分高昂。要少承诺多兑现，做不到的不要承诺，承诺了的一定要兑现，树立自己良好的信誉。不该问的不要问，不该说的不要说，不要打听他人的工资待遇。不要挑三拣四，吹毛求疵，满腹牢骚，表现出消极状态。不要随便说人是非，谈长论短，以贬低或打倒别人来抬高自己、证明自己，面试官这样做自己也不要附和，面试官引诱你这样做你也别上钩。

如果遇到尴尬、困难甚至是刁难，不要轻言放弃，应当迎难而上，

显示自己坚韧的一面。

在做好自己的前提下，乐于助人，建立和谐的人际关系，也是一种良好的职业素养。

"龙头"还需"凤尾"，求职者还要格外注意退场与道别。道别时要有礼貌，要懂得感谢。注意带走该带走的东西。应聘完起身离开前，记住检查是不是自己所有的东西都带上了，要记住拿回自己的身份证、毕业证等重要证件资料的原件，并注意保管好，不要有什么遗留在面试处，到时候东西可能丢了不说，还留下做事粗心大意的不良印象。要记住面试官的吩咐和要求，比如什么时候复试、什么时候上班等，当场如果没有听清楚，要马上询问清楚。用心或用笔记住复试或上班的准确时间、地点，下次严格按照要求去。离开面试场地后，出来注意观察当地有什么标志性建筑物，交通道路状况如何，下次再来复试或上班坐什么车、路怎么走最方便快捷。

总之，在整个面试过程中，勿以善小而不为，勿以恶小而为之，因为从细节上招聘方就可以看出你的职业素养如何，而你表现出来的职业素养将决定你面试的成败。

 ## 接一个电话，丢一份工作

一家外企去小何学校举行招聘宣讲会，小何被那家企业良好的发展前景和优厚的福利待遇吸引住了。她非常用心地写了一份求职自荐书，并按要求交了上去。经过严格筛选，大多数的人都被淘汰掉了，只剩下小何等少数人幸运地进入了第二关——面试。

小何在面试中表现十分良好，接二连三地通过了笔试、初试和复试，最后进入了终试。

终试定于星期天上午9点举行，由公司总经理亲自面试。她按时来到公司会议室，见已有10多人在那里等候面试。她和其他的应聘者简单地聊了几句以后，发现竞争者之中有的专业根本不对口，文凭也不如她的过硬，这使得她感觉胜券在握，信心爆棚：名牌大学财经专业、相貌出众……看到前面的应聘者要么灰头土脸，要么阴晴不定地从面试室出来，她更感觉这份好工作非她莫属。

终于轮到秘书叫她去面试。面试就如她想象得那样容易，总经理和颜悦色，问题也不刁钻古怪，她自我感觉良好。就在这时，她的手机彩铃突然响了，一看正是这家公司的电话号码，她没来得及多想，习惯性地接了电话，原来是秘书打的，说这也是一个面试题目，看看应聘者在面试时手机有没有主动关机，如果没有关机电话响了当场会怎么处理，以了解求职者的职业素养等，她感觉不妙。

果然一接完电话，总经理便说："我觉得你很优秀，可是我还是十分遗憾地告诉你，你面试不合格，可以走了。"小何一听犹如五雷轰顶，感觉一下子从天上掉进了地狱，不禁大惊失色，泪流满面。她没想到原本胜券在握的好工作，接一个电话便丢了，何况还是招聘公司自己打的电话！于是她为自己接电话的行为极力辩解，可是不论她怎么解释，总经理就是不买她的账。

小何感觉自己完全被招聘单位设计的圈套耍弄了，现在反正工作也没有指望了，于是再也不顾什么形象，大声指责道："这是你们早已设计好的阴谋诡计，我这么优秀居然被认为不合格，你们真是有眼无珠！"说完，气急败坏地离开了面试现场。

尊重别人就是尊重自己，听别人讲话时，应该全神贯注，必要时进行目光交流。打、接手机或心不在焉，对讲话者都是不礼貌的行为。打接一个电话事小，但其背后体现出来的职业素养事大。开会、参加重要

集会、听歌剧、看演出等重要场合，一个有修养的人本来就应当将自己的手机关机或调成静音，不能大声地当众打或接电话，更何况还是在面试这样的特殊场合，怎么能够不关机还接电话呢?

谁都会犯错，犯了错误不要紧，要紧的是如何去面对。小何在做错了事情之后，如果马上诚恳地说声对不起，表现出勇于改正错误和善于接受批评指正的良好心态，她是有机会面试成功的，因为这原本就只是招聘方设计的一个面试题目，只要你表现出应有的职业素养就可以过关。可是，她却选择了宁愿竭力辩解，也不知错、认错和改错!

另外，如果她在被面试官宣布面试失败时不破罐子破摔，而是多一份镇定、坚强和韧性，依然向面试官道一声感谢，然后平静地离开，体现出良好的职业情商，用职业素养说话，那么，她最起码会给面试官留下一个比较好的印象!因为宣布她面试失败也同样只是招聘方设计的一个面试题目，只可惜，养尊处优、心高气傲的她经不起一点点敲打和考验，就彻底地败下阵来!

"秀"出自己

面试是自己漫长人生"K线图"中的一个节点，面试成功马上就可以工作，就开始有收入;否则，还得继续付出成本，努力寻找工作。前面讲了那么多，都是为了这个重要环节做准备。面试是求职中最关键的一环，是就业准备的试金石。必须抓住短暂的上场机会，像孔雀开屏一样"秀"出自己，从"海选"中晋级，在PK中决胜!

那么如何在面试时像孔雀一样"秀"出自己呢?

上场要举重若轻

该准备的都准备了，没准备的也来不及了，想太多也没有用，不如简简单单、轻轻松松上阵，效果反而更好。要注意控制自己的情绪，做到自然、轻松和愉快。尽量把面试官想象成一个面带笑容的、善意的、友好的、喜欢自己的普通人！要让自己面带笑容，必要时开心地笑出来，保持愉悦的心情，不要板着一副冷脸孔，好像别人欠了自己什么似的！紧张往往使自己的呼吸不畅，呼吸不畅又往往使自己更紧张，所以要调整均匀自己的呼吸，必要时做几个深呼吸可缓解自己的情绪，也可以借机去上厕所，关起门来，一个人平平心静静气，简单地整理一下思路。抽烟的人可以在允许的场所抽支烟，调节一下情绪。另外，从心理上积极暗示自己，鼓励自己，告诉自己是最棒的，多想想自己过去轻松、愉快、成功的经历！冷静地提醒自己，这一切都很正常，没有什么大不了的，任何人都差不多，我还有很多机会可以选择，远不止这一个。我已经做得不错了，我能好好地应付，我可以干得很好！

注意入场与开场白，力争以"龙头"开头

入场时要有礼貌，要注意观察和机灵应对。如果面试官没叫坐，就千万不要擅自找个地方坐下。面试官叫我们做什么，就要做什么，一开始就要给他一个服从指挥的好印象。开场白要简短有力，声音洪亮，每句话的字数不能太多太长！最好使用短句，清楚明了，适当停顿，说着不累且便于换气，有助于克服心虚怯场带来的喘气不匀。一口气说完长句，不但听起来不易听明白，还容易犯错。

注意说话与听话

应在规定的时间内完成自我介绍，不要时间没到就草草讲完了，没事可做；也不要只顾滔滔不绝地演讲，没完没了。面试官没有时间，更没有心情听"芝麻绿豆"大的事情，他们需要了解的是你能否胜任这个岗位。自我推销既要做到尽可能地表现自己，又要简明扼要；既要跟自己的简历相符合，切记不要完全重复简历。特别不能犯的错误就是：自荐书或简历上写的与面试讲的内容不一致，前后自相矛盾。

破译
就业密码

交流时要落落大方，对答如流。注意听对方的提问，该自己说话时要注意礼貌，内容要简捷，表达要清楚，回答要切中要害，千万别答非所问。说话时声音要响亮、干净、有力，语速不要太快，也不要太慢。

讲话要有条理性，一是一，二是二，不要语无伦次，啰里啰嗦，说半天别人亦不知所云。在必要时，在重要的事情上，讲话要做适当的停顿，适当的沉默，表明自己经过仔细思考，不是信口开河，是成熟、稳重、可靠的。注意讲话的几个要点：

● 要搞清楚讲话的目的是什么？

● 为达此目的要快速想好讲话的纲要或要点。

● 讲话要有条理性，要简洁明了，最好分门别类地讲述，一个一个内容讲清楚，第一讲什么，第二讲什么，第三讲什么。

● 讲到最后要注意归纳总结，原则上采取"总—分—总"的方式较好。

善于说话，还要注意听话，会听话比会说话更重要。善于聆听是一种美德，是一种修养，咄咄逼人，滔滔不绝，不给人说话的机会，不听对方说话，只顾自己发表演讲，是自私的表现，切记切记！

● 要"秀"出自己的特点。一个有特点的人，是团队需要的人，可以查漏补缺，优势互补。

● 要秀出给公司带来的利益点，让面试官看到自己能给公司带来的变化，带来的希望，带来的价值。即使暂时还没有兑现，也让公司觉得你是一只"潜力股"，长期持有必将增值获利！

● 要"秀"出自己的可塑性，让老板觉得你是可以培养的，只要稍加雕琢即可为他所用，不会白费他的工资，或者就算白费他的工资也费不了多长时间。

● 要"秀"出自己的发展潜力。有没有发展潜力，也是老板考虑用不用人的一个重要原因。如果有发展潜力，即使暂时差一点，也会考虑培养使用；否则，一般会趁早不用。

● 要"秀"出自己的上进心和责任心。有上进心的人，公司才会认为有前途，就算他暂时能力差一点，也会因为他有上进心而得到"加分"；相反，没有上进心的人，再好的"马"如果不愿意"跑"，老板和上司也不会喜欢，更不愿意栽培他。责任心更是他们非常看重的一个方面，没有责任心的人将得不到重用，不会有多少发展前途。

● 要"秀"出自己的忠诚和可靠。老板和上司都非常看重员工的忠诚度和可靠度。为人可不可靠，办事牢不牢靠，令人放不放心，是敢不敢用自己的关键。任何上级都不敢将事情交给不可靠、不放心的人去做。

● 要"秀"出自己不是在"作秀"，而是一个实干者，不是公司的包袱、闲人、累赘，而是可以为公司做实事、解决实际问题、创造真正价值的人才。

巧对刁难问题

面试官往往会问应聘者一些刁钻古怪的问题，应当学会巧妙应对。这是最令人紧张，但也是最重要的阶段。通常表面上看上去和面试毫无关系，实则却是在考验我们的个人风格、职场情商以及危机处理的能力。

对于面试官提出的某些高难度问题，不一定马上得出答案，但一定得有自己的思路，一定得努力为得出答案寻找解决的方法，这比不经调查研究，不具体操作，就随随便便弄出个答案来，要真实可信得多。面试官的问题，有时候并没有标准答案，连面试官自己也找不到答案，他要的不是答案，而是应聘者面对问题的思考方法和寻求答案的解决办法，面试官只是通过一些问题，来了解应聘者的思维方式、处事方式、为人方式、知识面、信心、勇气、坚强度、坚韧度、聪明度、灵活度，等等。

 ## 男求职者应聘上"女秘书"

在深圳特区人才市场挤来挤去，终于选定了我比较满意的一家企业。选择这家企业应聘难度低一点的"业务员"，填好表后，便在"长龙"中排起队来。大约排了一个多小时，眼看就要轮到我面试了，我突然发现这一职位被红笔十分醒目地注明"招聘已满"。冷静一下之后，发现唯有"秘书"一职还空缺，但要求是："女性，品貌气质俱佳，文秘或中文专业毕业，具有同职工作经验……"

我非常渴望去这家企业，但只剩下这一个职位了。可我是个男人，怎么去应聘女秘书呢？就这样放弃，不是我的风格，我现在的状况更不允许！我已经几个月没有找到工作了，几乎身无分文，这份工作对我的重要性不言而喻。我一咬牙，下了决心，即使没有希望，我也要创造一个希望！

想到这里，我决然地走到了负责招聘的企业老总桌前，她看了我一眼，问："你应聘什么？"我答："应聘'秘书'！"她用手指了指"秘书"旁边那个"女"字。我胸有成竹："作为一个英语专业的大学生，我肯定认识那个'女'字。"她说："既然你知道，那你为什么还要来？"我说："正因为我知道，所以我才来了！"她说："你知道什么？"我大声说："我知道你们要招聘的是一个能为你们做实事，解决实际问题，创造实际价值，赚取实际利润的真正的人才，而不仅仅是一个'性别，女'，一个花瓶，一个摆设！如果是那样，我就来错了，否则，我就来对了！"

本来，她一直埋着头，在忙着给刚刚应聘过的众多人员打分或做暗号，看也不看我一眼！听了我一席话，她终于抬起头来，什么事也不再做了，双手交叉放在胸前，静静地看着我说："你说吧，小伙子，你过去做过些什么，业绩如何？"

我说："老实说，我过去并没做过什么。我自从四川外语学院毕业后，只当过一年高中英语教师，别的什么也没有干过。我砸掉铁饭碗后，就来闯深圳了。我没有什么可以炫耀的资历，但是，只要你给我一个机会，我就会还你一个惊喜！很多工作我都可以做，都愿意做！我可以先学着做，边做边学，以后一定会做得很好，我决不会让你失望的！"

"你能胜任秘书工作吗，小伙子？"

"能，完全能够胜任！"

"为什么？"

"因为我虽然没有秘书工作经验，也不是文秘或中文专业毕业的，但我的文字处理能力，比一般的秘书还要强！"

她说："何以为证？"

于是我把一大沓编辑部的来信堆在桌上。她随便看了几封，是《女友》、《当代青年》、《文友》、《中国校园文学》等杂志编辑部的来信。

她仔细看过后，就拿出一张名片，在上面写了些字交给我，叫我第二天去恒丰工业城B5栋，找冯开东，也就是企业的生产负责人报到。我没有忘记跟她确认："'报到'是什么意思？是去复试吗？"

她说："是去正式上班！"

我被当场录用了！我胆战心惊地对她说："老总，在我没有被你录用前，为了找到工作我什么也不怕。可是，当你这么相信我、信任我，把我破格聘用了，我反而感到害怕了！"

她说："你害怕什么，小唐？"

我说："我害怕自己对不起你的信任和赏识！因为我毕竟没干过秘书工作，具体工作时不知该如何做起，我怕辜负了你的期望！"

她说："小唐，别怕！我要的就是你这种初生牛犊不怕虎的精神，把你这种精神拿到工作当中去，好好干，不会的慢慢学，你会……"

就这样，我一个男人，在临近绝望时，竟然意想不到地成功应聘上了"女秘书"，这家公司居然就是著名的太太口服液公司，当时名叫深圳爱迷尔食品有限公司！

规避危险歧途

一些刚从学校毕业的大学生，就像汽车由于上错了车道，在错误的、危险的道路上渐行渐远。要么长时间找不到工作，成为"面霸"，造成心理障碍，对自己的能力产生怀疑；要么是落入别人设计的骗局，走了不少弯路，付出不小的代价。如果我们不学会规避危险歧途，那么我们很可能在错误的、充满危险的道路上发生"车祸"，撞得头破血流！

这里归纳了一些新手面试时常犯的错误，供大家实战时引以为戒。

● 自我否定，自我淘汰。面试中会有各种各样的智力测试、心理测试，面试官还会故意设置一些心理陷阱，故意埋藏一些面试"地雷"，这些都构成对面试者的考验。如果求职者自卑、胆怯、紧张、慌乱、恐惧，就等同于自我淘汰，不待面试官宣判，自己就已经缴械投降了。所以，在面试时无论遇到什么情况，都一定要挺住，绝不首先自我否定、自我淘汰，要始终相信自己就是最棒的！

● 面试一开始，就打听用人单位的收入水平，询问自己的工资待遇，表现得很幼稚。没有一个用人单位会在尚未对你的人才属性、工作能力等了解清楚之前，就给你"定价"和"买单"。

● 对企业挑三拣四，表现得很在乎钱、很功利、很势利。任何用人单位都不喜欢对工作岗位挑剔的人，要知道如果求职成功，你收获的不只是钱，还有能力、经验和发展机会。尽管你非常渴望拥有钱，但用人单位不喜欢唯利是图的求职者。

● 态度消极，爱发牢骚，爱抱怨，没有上进心，没有热情和激情，对人和事都很冷漠。

● 总是"我"字当先，总是以否定句开头，如"不"、"不对"、"不是"、"错"、"NO"，而不是先求同再存异，给人感觉不会说话或很难交流，无法找到共同点，被面试官列为排斥之列。

● 夸夸其谈，言过其实，有撒谎行为，给人华而不实、不诚实、不安全、不可靠、不能够委以重任之感，被列为危险分子。

● 爱出风头，好表现，喜欢争名夺利，没有大局观和团队精神，被视为害群之马、团队破坏者。

● 自卑、怯场或谦虚过度，错失良机，应该展示的水平没有展示出来，想再来一次已经没有机会了，被面试官认为是真没有水平的一类，打入冷宫。骄傲不得，也谦虚不得；人品要谦虚，能力谦逊不得。要高调做事，低调做人。

● 真诚过度，误把面试官当知心朋友，无话不谈，毫不设防，或攻防无度，不但被面试官看得一清二楚，还泄密了不该泄露的个人隐私，比如曾得过乙肝，或长期找不到工作，被面试官列入歧视名单。

● 防备心过强，态度不友好，言行举止中透露出敌意，被面试官列入"敌对分子"。

● 着装随意，说话随意，举止随意，表现出不够重视的态度，被面

试官列入淘汰名单。

● 自信过头，重攻轻守，造成言多必失、做多必错的局面，被面试官列入有缺陷的可选择名单。

● 性子急，喜欢打断别人说话，不重视聆听，不给别人讲话机会，自己说话高声大气，且滔滔不绝，被面试官认为缺乏职业素养，列为不合格名单。

● 反应迟钝，说话慢吞吞，动作拖沓，被面试官列入不合格名单。

● 不该问的去问，或提问欠妥，显得冒冒失失，被面试官列为表现不佳之类。

● 一厢情愿地想获得令人羡慕的热门高薪职业，思想上不安装"防火墙"，不对自己不健康的求职心理"杀毒"，结果误入面试骗局。一些名牌企业，或知名外企，体面工作，稀缺高薪职位，高档的招聘场所，竞争者如云，若要入内，需拿钱托人找关系开后门，结果交钱后，一切都变了，才发现是一场高级骗局。就业市场中，假中介、假名企、假招聘、传销等各种骗局，数不胜数，层出不穷，唯有小心再小心，不要有贪心，不要想走人生捷径，不要有虚荣心，才可能避免上当受骗。

 错误模式毁掉汤勇的工作机会

汤勇大学毕业已经几个月了，仍未找到工作。他一次又一次地参加面试，可是始终无法获得一份工作，这究竟是为什么呢？汤勇对此非常不解。

他求教于我，通过交谈，我发现原来是隐秘而错误的模式毁掉了汤勇一次又一次的工作机会。他在自荐书上，把自己的"销售价格"喊得老高，却无法说明自己为什么值那么高的价钱。面试一开

始，他就急不可耐地先问面试官，工资待遇如何。当面试官请他进行3分钟的自我简介时，他两分钟不到就没话可说了。面试官问他打字速度如何，他说聊QQ时速度很快，60字/分，可在现场测试打报纸上的文章时，不到30字/分。趁面试官短暂外出之际，他抱着极大的好奇心偷偷翻看了面试官办公桌上的"绝密"文件。当面试官问他如何看待当前的国际金融危机，他就抱怨目前的经济非常不景气，大量就业者失业，找工作难……

汤勇自己觉得自己的面试表现良好，没有什么问题，然而他哪里知道，他表现消极，十分功利，缺乏职业素养，表里不一，华而不实，用人单位不喜欢他这样，他当然不会获得机会垂青。他的那些消极想法给面试官留下了非常糟糕的负面印象。不过，没有哪个面试官会告诉汤勇他做错了什么。他们只会结束当时的面试，继续考核下一个求职者，不向汤勇透露任何对他下一次面试有帮助的信息。这就是求职者们并不知情的错误模式。

将计就计

面试官知道，标准化的面试，很难识别一个求职者是真正的人才，还是庸才。于是他们便竭尽所能地策划一些"阴谋诡计"，以图验出求职者的"含金量"。然而，没有经验的大学生毕业生，在初始求职时却往往并不知道：原来"江湖险恶"，常常中了"老奸巨猾"的面试官的"圈套"，败下阵来。

作为新手，当我们面试遭遇"阴谋诡计"，究竟该怎么办呢？

识破它，然后假装没识破，将计就计，掌握这个原则，见招拆招，沉着应对，做好我们自己，就不怕面试官花样百出的"骗人伎俩"！

隔岸观火

有时，面试官并不直接面试，而是安排或委托代理人主持面试，他坐在一边旁听，或在现场做清洁卫生、接电话、端茶水等不起眼的工作，不少求职者根本不把这些人士放在眼里，结果在不设防的自然状态下暴露了自己的缺点，还没进面试室，面试实际上就已经结束了，只是当局者还蒙在鼓里罢了。另外，企业里的某些人，虽然并不直接面试应聘者，但他们可能是间接面试官，在暗中观察了解应聘者的一言一行，随时准备向真正的面试官发送情报。更有甚者，有时候面试官真人不露相，藏在求职者之中，是个"无间道"。有的企业安装有摄像头，记录下应聘者的言行举止。这几种情况都属于"隔岸观火"，面试官在暗中观察了解应聘者的一言一行。在不设防的自然状态下，最能暴露出"真面目"。所以，求职者要小心，只要来到面试处，就要随时随地在任何人面前注意自己的表现。

旁敲侧击

对面试官看似不经意的问寒问暖，也要十分小心，好像与面试无关，其实是"醉翁之意不在酒"，他在旁敲侧击地了解应聘者的情况。关心你的家庭、亲人朋友的状况，询问求职者昨天晚上看的什么电视节目、读的什么书，都属于旁敲侧击了解你的生活状态、兴趣爱好等个人情况。还有的面试官，不问应聘者本人，而是问应聘者以前工作过的单位同事、上司和老板等其他人，以验证应聘者有没有说谎，并快速地了解应聘者的"真面目"。

抛砖引玉

有的面试官，会站在求职者的角度抛出一些话来，比如聊时事话题、议论某个事件，引诱应聘者说出自己的观点、感想、主张等。应聘者说得越多，暴露的情况也就越多，就达到其了解应聘者的目的。

笑里藏刀

有些面试官一副笑容可掬的样子，没有经验的求职者很容易被其假象所迷惑，误把他当朋友，以为很好对付，放松了警惕，不小心露出了自己的"狐狸尾巴"，结果被他"一刀砍掉"。

苦肉计

面试官一副苦态，向你大倒他生活中的苦水，与你讨论他即将进行的手术，对此你当然表示同情与关切，还顺便说出一些自己治病的心得去安慰他，一切都是为了讨好他，结果你在不知不觉中out了，因为你让面试官知道了你的身体不那么健康，会影响工作效果，而且以后上班可能要请不少病假，耽误工作进度。这是面试官用苦肉计，诱使你在毫无防备的情况下，暴露你正常情况下绝不可能透露的个人隐私（如乙肝病毒携带者），你上当了！

愿者上钩

有的招聘者故意在地上放一张废纸，或在桌子上撒一些烟灰，看看有没有应聘者弯腰把纸捡起来或把烟灰清理掉，以此暗中观察应聘者注不注意细节，怕不怕脏，有没有责任心和工作主动性等。

不予理睬

有的面试官，对于进屋的面试者假装没看见，不理不睬。对于应聘者打的招呼也假装没听见，弄得面试者不知道是该站着，还是该找个地方坐下，以此观看面试者的反应。遇到这种情况，你可以先观察他的动静，看他是不是真在忙什么事情，稍等片刻。若他忙个不停，你就要主动而礼貌地再次向他打招呼，比如："你好！温总，我是前来应聘的……"如果他还假装没有听见，你就将音量放大一点，直到他听到为止。如果他没有叫你坐下，你最好毕恭毕敬地站在那儿聆听他的指示为妙。

下马威

有的面试官，一开始就发难，吓唬面试者，以此观察面试者的胆识和临场应变能力。遇到这种情况，你要面不改色心不跳，想象他是一个和颜悦色有亲和力的人，不慌不忙，微笑着面对。

"炸弹"问题

突然摔出爆炸性问题，比如问女生："假若你在公车上或电梯间遭遇色狼的'咸猪手'，你怎么办？"以此了解面试者的危机处理能力和生活作风。作为女生，你会怎么回答呢？

比如唐骏去微软面试，就曾遭遇"全美国有多少个加油站"这样让人不能准确回答的问题。其实面试官提这样的问题，根本就不是要得到具体的答案，因为他也不知道答案，而是要考察你的思维方式、解决问题的方式方法等，可谓"醉翁之意不在酒"。遇到这样的问题，不要对具体答案钻牛角尖，而要把解决问题的思路、方法和可行性放在第一位。

故意刁难

叫你做一件简单的事情，无论你怎么做他都不满意，百般刁难，甚至激怒你，以此观察你的耐心，了解你的性格和人品等。面对此计，最好的办法就是心平气和，把简单的事情做好做精，做到他服气为止。

突然中止

没有任何预兆，面试官突然对求职者说，就到这里吧，面试结束了。对此，求职者一般会很紧张，脑子里快速地想："我是不是做错了什么，他为什么突然中止了面试呢？我是不是完蛋了？"这种诡计能让一些老练的人都百思不得其解。但实际上，它的目的是观看你的心理反应和情绪控制力，和随机应变的能力。遇到这种情况，最好的办法就是假装什么也没有发生，面带微笑地感谢他给予你的面试机会，泰然自若地离开面试室。

不断打岔

你作自我介绍时，刚说上两三句，他就打岔，然后让你接着说，中途他又不断地打岔。它的目的就是考察你大脑"复杂运算"的能力，察看你的语言组织能力、抗干扰能力、瞬时记忆力等。遇到这种情况，你要不厌其烦地从打断处继续讲，必要时需简单复述一下前面已讲过的内容，不显得没耐心，不要忘了讲话内容，要注意前后连接，条理清晰。

集体"炮击"

多个面试官同时向你发问或发难，使你疲于应付，不知如何是好，这一招就叫"集体炮击"，或叫"群殴"。它的目的就是要考察你的现场处理能力。当面试者遭遇此计，先回答谁的呢？你可以先说："各位领导，非常抱歉，我实在是无法同时回答大家的所有问题，请允许我一个一个地回答你们的问题行吗？"如果他们不回答或依然照旧，那么你就反客为主，主动按从左到右的顺序指挥他们提问，并一一回答他们的问题。这样，你既尊重了他们，有理有节有礼貌，又有自己的主见，表现出快刀斩乱麻的处事能力，和反客为主的指挥才能。

非常规性面试

有时候，面试官称自己有事情，叫你去车站见面，然后在路上、车上、电梯间或过道里等非正规面试场所，与你聊天，对你提问等，这就是非常规性面试。这种面试是综合面试，考察你的时间观念、约会习惯、口才、为人处世方法等。遇到这样的情况，也不要麻痹大意，要留心自己的言行举止，见面要主动打招呼，要面带微笑，最好为他主动开车门、提重物、引路等，体现自己不但训练有素，还主动积极，乐于助人，尊重他人。

"鸿门宴"

面试单位招待求职者用餐，好让求职者放松警惕，随意表现。其目的，是让你放松之后，再对你进行真正意义的行为面试，了解一些在面试室无法了解到的东西，比如社交礼仪、生活习惯、性格特点、为人处世的方法等。这样的用餐，就好比"鸿门宴"，马虎不得。比如中午用餐，面试官叫你点酒，你点还是不点？喝还是不喝？别忘了大多数公司都不主张中午喝酒，因为下午还要工作，更何况你还是一个求职者，更是造次不得，所以不点不喝是上策。就算面试官自己点酒也是表演给你看的，看你上不上当，你可别中了圈套。

职场江湖险恶，面试的"阴谋诡计"不止这些。不过没关系，通过以上讲述的这些举一反三，就可以识破很多的"骗人伎俩"，见招拆招，兵来将挡，水来土掩，沉着应对，做好我们自己，就可以"笑傲江湖"！

 **一张废纸**

在一次招聘会上，和亨利·福特一样去参加面试的人不少，竞争相当激烈。

由于出身农村，家里贫困，没钱买好的职业装包装自己，福特穿得土里土气，和招聘现场那些打扮得十分体面的人相比，福特是一个十分另类的"乡巴佬"。所有前来应聘的人学历都比他高，而他只有难以启齿的小学文凭，福特处于非常不利的弱势地位，自卑像毒蛇一样吞噬着他的心。看到前面几人面试出来显得十分高兴，似乎都很成功，他觉得自己没有什么希望了，感到非常失落和沮丧。

但既然来了，不管是死是活，也要拼命一试，他这样告诉自己。当招聘人员终于叫到他的名字后,他抖擞精神,沉着、勇敢而坚毅地迈进了董事长办公室。

刚进门口,他发现地面上有一张废纸。他不知道是谁掉在地上的,也不知道还有没有用。他想在这么干净高档的办公室,地上掉一张纸很不雅观。他弯下腰拣起来一看,原来是一张没用的废纸,便径直走到垃圾篓旁边,将废纸轻轻放了进去。

接着,他就赶紧走到董事长的办公桌前,声音响亮地说:"你好,董事长!我是前来应聘的福特。"

董事长说:"很好,很好!你叫什么名字?"

"我叫亨利·福特!"

"福特先生,你已经被我们录用了!"

福特很惊讶,连忙问道:"董事长,我觉得前面的应聘者都比我条件好,你怎么会把我录用了呢?"

董事长语重心长地说:"福特先生,前面那些人学历的确比你高,而且仪表堂堂,口才不凡,但是他们只能看见大事,却看不见小事;他们只关心所谓的大事,对小事不屑一顾,置之不理。那张我故意放在地上的纸就在他们的眼前,就踩在他们的脚下,他们却看不见,或装着没有看见,不舍得弯腰把它捡起来,而你,福特先生,是唯一对一张废纸毕恭毕敬的人,所以你通过了我们的考察!你不但能看见小事,还能够马上主动把它处理妥当,你将来自然能看到大事,也自然能够做成大事。一个只能看见大事的人,他会忽略很多小事,是不会成功的。"

最终如那位伯乐董事长所料,能看见小事的福特后来果真干出了一番惊天动地的大事!福特在打工20年后开始创业当老板,创建了20世纪世界最大的汽车生产企业福特公司,开创了世界上第一条生产流水线,使T型车生产达到1500万辆,缔造了世界纪录,被誉

为"世界汽车大王"、"为世界装上轮子的人"、"20世纪最伟大的企业家"。

董事长是个非常睿智的人，他知道看一个人关键不是看他怎么说的，而是看他怎么做的。于是他就略施小计，"钓"出了前来面试者的真伪，"钓"到了自己想要的"好鱼"亨利·福特。福特事先也并没有识破，他只是在并不知情的自然状态下，"秀"出了本色，做好了自己。当他很机灵地处理了那张废纸，面试还没有开始，就已经结束了，因为他已经面试就成功了。

这是偶然与侥幸吗？不是，对于求职新人来说，针对面试官的种种"阴谋诡计"，不管我们能否识破，最好的应对办法就是像福特那样，根据自己的本色去做事，正直谦恭地努力去表现自己最好的一面。福特虽然没有好文凭，但他实实在在，认认真真对待细节，看得见小事，积极主动做小事，体现出了责任心、主动性和良好的个人品质，与前面那些仪表堂堂、口若悬河的面试者相比，他的行为胜过了那些人的语言。

面试"四绝"

面试有绝招吗？有，这里介绍几种在实战中非常管用的绝招，希望对新手们参加面试有所帮助。

绝招一：像对方那样穿戴

和面试者一个模样，是最佳、最有效的着装方式。因为对方那样的穿着打扮，很显然就是符合他们企业要求的理想形象。你穿戴成他们那个模样，不仅符合通常的职业着装标准，更重要的是你一步到位地符合了他们公司独特的要求，让他们感觉你就是他们的同类，而不是格格不入的另类！在其他条件差不多的情况下，他们当然优先选择自己的同类。

应该先了解对方的企业性质和企业文化，最简单的办法就是看他们的主管、经理、总经理是怎么穿着打扮的，如法炮制。如果没有机会看到那些管理层人士的穿着打扮，就提前去单位"踩点侦察"，或查阅相关照片资料，然后照着去准备。如果买不起那么贵的服饰，便宜点的也行，但要注意与他们相近似，款式和颜色能完全相同就更好，就更容易被认同。

绝招二：说行话，说他们想听的话

行话是最好的面试语言。在面试中要尽可能使用与工作相关的专业术语，让他们感觉你是内行。人们最感兴趣的是自己，就像看合影首先看自己一样，面试官最感兴趣的也是他们自己。所以，讲话的内容要在对方的利益和兴趣上下工夫，说他们想听的，展示给他们想看到的那方面，并努力成为他们最需要的样子，总之，努力成为他们心目中的最佳候选人。人家对谈话内容感兴趣了，自然就会对讲话的人感兴趣。要熟练地掌握这一招，除了平时需要积累不俗的功力，且在面试前用心进行充分的准备外，还必须学会临场察言观色，随机应变。

绝招三：讲自己的成功故事

面试是枯燥、单调和无趣的，特别是在面试了众多求职者后，面试官这种感受会更明显。要知道面试官也是人，他也希望在工作中获得快乐。可以讲一两个自己的成功故事，每个故事最好不要超过三分钟。要知道人人都爱听故事，有时向面试官讲讲自己与求职相关的成功故事，不但可以缓和面试气氛，增加吸引力，更能打动面试官，起到事半功倍的推销效果。

绝招四：掌握一个秘诀

即面试的问题不一定都有"标准答案"，有时甚至根本没有答案，

但是一定要有努力寻找答案的积极心态、开放思路，并想方设法拿出解决问题的可行性方案，即使拿出的方案并不标准或正确。如前所述，面试官真正要的不是答案，而是你面对难题的态度、思路和方法。如此一招在手，具体情况具体分析，随机应变，面试时就不怕任何古怪刁钻的问题。

实战演习，以战代练

知易行难，光知道还不够，最重要的是做到；光做到不够，还必须熟练；只熟练还不够，还要有用人单位肯为我们"买单"才行。

必须加强训练，要多参加实战演习，以战代练。试着去参加几次面试，了解面试所需的能力、经验、技术、知识、人品等要求，同时了解就业前景、预期薪水水平、获得雇佣所需要的条件，以及用人单位最青睐或者最不喜欢的专业及人才类型等内容，从而更好地了解不同职业领域的需求，并做好准备去迎合那些需求。

在实战演习中不要怕犯错误，更不要怕失败，因为这种以战代练，是在不断地获得实战经验和能力。失败只是能力暂时还没有达到对方的要求，或专业不符合对方的要求，或暂时还没有相应的工作经验，或自己要价过高等诸多原因造成的，是双向选择的不对等而已。失败中仍然包含了成功的方面，并不是一无所获，一定从中获得了历练、经验和教训。

竞争对手并不总是那么强大，而有时可能别人不敢来，你在对的时间、对的地点出现了，就能获得机会！机会也好，运气也罢，只要不抛弃不放弃，你也会时来运转！求职在某种程度上说，就是一种能力和运气的结合。要想获得好运气的话，一定要有不怕失败的毅力和决心。只要自己不被自己打败，善于分析总结，对于错误之处对症下药加以改正，对欠缺的地方进行"恶补"，缺什么就补什么，这样自己的面试功力就会大大增强。当自己的面试功力练到一定程度，越过面试难关，找到理想的工作是早晚的事情。

面试过"八关"终进微软

8点半唐骏准时来到了人事部，招聘助理给了他一份时间安排表。面试从早上9点到下午5点，每一个小时一个人，一共8个人面试他。看到这份时间安排，他真的有点不明白了，他是来面试软件工程师的，在他自己的公司里就是他一个人面试了就当场决定的，而这里要过"八关"。他感觉和他听到的有点像了——因为面试别人可以减压，所以微软尽量让更多的人来面试。

第一关的面试官好像有点经理的样子，一开始就给唐骏讲了这个部门需做的工作——Windows NT的研发和未来之路，描绘的前景很光明。看得出来，面试官很喜欢自己的工作，也有一种自豪感和优越感。唐骏很机灵地问了他加盟微软的经历，引导面试官滔滔不绝地讲述了他如何从德国来美国留学，如何找到这家公司的辉煌经历。于是唐骏又很机灵地趁机接过话题，也讲述自己怎么从中国去日本留学，然后又怎样来到美国继续他的学业。面试官的问题并不是那么的苛刻，反而让唐骏觉得他们之间是在聊天、在回顾过去的经历。

第二关的面试官是个做技术的，他问了唐骏的背景之后似乎感觉比较满意，特别是唐骏的国际背景。因为他也去过日本两次，而且还能讲几句日语，也讲得不错。"你日语的语感还是很好的！"唐骏不忘记夸他几句，以拉近彼此之间的距离。后来他就让唐骏用C语言写段对mouse的控制程序，把左右键对调一下。"是用Windows的API写还是……"因为这个区别很大，唐骏想问清楚后再

写。"那就用Windows API写吧。"明显感觉出来他对唐骏开始宽松了，因为用底层函数写的话很复杂也很难。唐骏很快写出了那个小程序，答案似乎还比较让面试官满意。然后面试官就和唐骏探讨如果用底层函数写的话应该是怎样的。

第三关的面试官还是个技术工程师，一上来就拿了一段程序给唐骏看，让唐骏挑出里面可能出现的问题。"这个程序写得非常正规，而且肯定是个有经验的人写的，非常好。"唐骏简单看了程序以后，感觉这是面试官写的程序，因为人都是喜欢听别人夸奖的。"但是这个程序有memory泄漏的问题，需要加memory释放，这样这个程序就很完美了。"唐骏没有太多的思索，因为像微软的工程师不可能拿一段有低级错误的程序让自己看的。没想到唐骏的几句话把面试官征服了，以为遇到了一位程序高手。剩下的时间都是面试官向唐骏讲他负责写Windows的哪部分程序。唐骏感觉面试官确实是一个很能干的程序员。

剩下的几关面试，有人问他编程的问题，有人考他智力题，五花八门。唐骏也记不清考了他什么问题了，但是有一个问题印象比较深刻，问题就是：美国一共有多少个加油站？这一下唐骏傻了眼！

唐骏想了想，美国有2.5亿人口，汽车的拥有率为30%，也就是说，美国有7500万辆车，每个星期加一次油，每个加油站平均每5分钟一辆车，一天为250辆，可以服务1750辆车，因此，他估计一共4万个加油站。

这个回答对吗？谁也不知道。其实这个问题就是考察应聘者的思维方式，即分析问题解决问题的方式，不需要你给出问题的答案，再说了谁也不知道一个标准的答案，本来就是要你算一个大概，这个大概的数字差不了多少。

最后一位面试官David McBride，190cm以上的瘦高个子，看上去是个经理什么的。他先讲述他是怎么进入微软，如何热爱微软等。唐骏说："我也是向往微软才来的。"其实唐骏更多是聆听，像个小学生似的。"前面几位面试的感觉还不错，大家都很喜欢你的背景和技术，"David说，"微软是全世界最好的公司，也需要最好的员工，你就是我们希望找到的……"离开David的办公室去人力资源部的路上，唐骏知道，这里将是他未来工作的地方了……

唐骏所遇到的面试模式主要为流水式，其中还夹杂有聊天式、主管式、天气式等面试模式。

过面试第一关时，当唐骏看出来面试官"很喜欢自己的工作，有一种自豪感和优越感"时，便很机灵地问面试官加盟微软的经历，于是面试官滔滔不绝地讲述了自己的"辉煌历史"。接着唐骏又很机灵地趁机接过话题，也讲述了"自己的简历"。就这样，一场原本严肃、紧张、颇有压力的"整人"面试，变成了"聊天"和"回顾过去的经历"，彼此感觉轻松愉快。

具体来讲，唐骏在这次面试中，主要采用了以下应试技巧：

随机应变

"当看出来面试官……便很机灵地……"唐骏察言观色，根据自己看到的情况，立即改变策略，取得了成功。

反客为主

本来是面试官在问，唐骏只有答题的份儿，结果唐骏抓住时机，反过来诱使面试官回答自己的问题，面试官竟毫无察觉地落入了唐骏的"圈套"，面试进入"聊天界面"，问题也变得"并不是那么的苛刻"，一场"整人"面试，变成了"聊天"和"回顾过去的经历"，化

被动为主动，化紧张压抑为轻松愉快。

投其所好

既然面试官"很喜欢自己的工作，有一种自豪感和优越感"，那就投其所好地问他的辉煌经历，面试官心情当然爽了，在自己的"粉丝"面前自然要发表激情演讲了，演讲的主题就是自己的"成功故事"。

趁火打劫

当面试官滔滔不绝地演讲自己的辉煌故事，处于"亢奋迷糊"状态时，唐骏"趁火打劫"接过话题，很巧妙地顺便"秀出"自己的"历史"，主动与面试官的"历史"靠拢，寻找"共同语言"，一切过渡得巧妙自然，不露痕迹，打劫的火候掌握得恰到好处。

送高帽子

第三关的面试官一上来就拿了一段程序给唐骏看，让唐骏挑出里面可能出现的问题。面试官这招其实就是给唐骏一个"下马威"，够狠的！刁难的问题又来了，结果唐骏勇敢"亮剑"，一"剑"刺中要害，很快就将面试官征服了，"以为遇到了一位程序高手"！

"这个程序写得非常正规，而且肯定是个有经验的人写的，非常好。"唐骏假装不知是谁写的，故意夸奖面试官。"但是这个程序有memory泄漏的问题，需要加memory释放，这样这个程序就很完美了。"大家发现没有，这里唐骏又用了一招：送高帽子。假装一无所知地赞美对方，还不忘指出其美中不足之处，既让面试官脸上有光，又表明了自己不是只会"拍马屁"之流，有自己的"火眼金眼"，一箭双雕！

"美国一共有多少个加油站？"面对这样"整人"的问题，谁都会傻眼！就算是美国政府统计部门恐怕也拿不出一个准确的数字！不回答不行，回答错了也不行，怎么办？唐骏又一次随机应变，他没有干别的，只是做好了他自己！即用他本人的思维方式，去分析问题解决问题，给出了自己的"答案"。

唐骏去微软面试一天，为什么就能斩获颇多呢？因为他是抱着"偷师学艺"的心态去的，像贪婪的海绵一样吸着微软的"营养液"！这是"闭关自守"且自以为是的人做不到的！由此可见只要我们心态归零，无论面试成功与失败，都不会入宝山而空返！

原来仅仅是一次流水式的面试，唐骏就见招拆招、将计就计使出了如此众多的高招妙计。面试要"过关斩将"，取金夺银，仅凭一招半式是不行的，必须像唐骏一样凭"组合拳"才能闯关，必须靠各方面的综合能力才能最终制胜。

第六章

破译签约密码

——合同不是保证书

　　过五关，斩六将，终于通过了面试官的火眼金睛，以胜利者的身份进入与用人单位商谈条件，但还不到高兴和庆祝的时候，因为只有和用人单位签订了劳动合同，才算真正被用人单位聘用，自身权利也才有保障。那么，什么是劳动合同？我们该如何与用人单位签订劳动合同呢？在签约过程中又应当注意些什么呢？

>>签约密码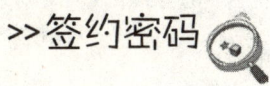

劳动合同

　　劳动合同是劳动者与用人单位之间确立劳动关系，明确双方权利和义务的协议。它是劳动者实现劳动权的重要保障，也是用人单位合理使用劳动力、巩固劳动纪律、提高劳动生产率的重要手段，同时还是减少和防止发生劳动争议的重要措施。它必须包括的内容条款有：用人单位的名称、住所和法定代表人或者主要负责人；劳动者的姓名、住址和居民身份证或者其他有效身份证件号码；劳动合同期限；工作内容和工作地点；工作时间和休息休假；劳动报酬；社会保险；劳动保护、劳动条件和职业危害防护；法律、法规规定应当纳入劳动合同的其他事项。除此之外，用人单位与劳动者可以约定试用期、培训、保守秘密、补充保险和福利待遇等其他事项。劳动合同的期限一般有三种，分别是有固定期限的劳动合同、无固定期限的劳动合同和以完成一定工作为期限的劳动合同。

签约

　　学会订立、履行、变更、解除和终止《劳动合同》，是大学毕业生

必须要掌握的一项职场基本技能。大学生与用人单位签约需要了解并掌握下面六个环节：

● 订立

签订劳动合同应当遵循合法、平等、自愿、诚实、信用的原则，由劳动者与用人单位协商一致，经双方签字或盖章生效，双方各执一份为凭。只有符合《劳动法》、《劳动合同法》、《劳动合同法实施条例》等法律法规的劳动合同才合法有效，否则都属无效合同。另外，凡是采取欺诈、威胁等手段订立的劳动合同也属无效合同。

● 履行

依法订立的劳动合同具有约束力，用人单位与劳动者应当履行劳动合同规定的义务。

● 变更

当遇到下列情况：订立劳动合同时所依据的法律、法规已修改或废止；用人单位转产或调整、改变生产任务；用人单位严重亏损或发生自然灾害，确实无法履行劳动合同规定的义务；当事人双方协商同意；法律允许的其他情况，双方可以变更劳动合同的内容。变更的程序为：（1）及时提出变更合同的要求；（2）按期做出答复；（3）双方达成书面协议。

● 解除

解除劳动合同的条件：（1）双方自愿；（2）平等协商；（3）不得损害一方利益。

● 终止

终止合同的条件，一般是在无固定期限的劳动合同中约定，因这类合同没有终止的时限。但其他期限种类的合同也可以约定。须注意的是，双方当事人不得将法律规定的可以解除合同的条件约定为终止合同的条件，以避免出现用人单位应当在解除合同时支付经济补偿金而改为

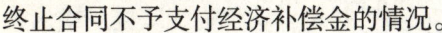

终止合同不予支付经济补偿金的情况。

●违约责任

一般可约定两种形式的违约责任，一是由于一方违约给对方造成经济损失，约定赔偿损失的方式；二是约定违约金，采用这种方式应当注意根据劳动者自身承受能力来约定具体金额，不要出现显失公平的情形。另外，这里讲的违约，或者称违反劳动合同，不是指一般性的违约，而是指违约程度比较严重，达到致使劳动合同无法继续履行的程度，如职工违约离职、单位违法解除劳动者合同等。

>>签约解码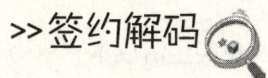

谈薪酬待遇的最佳时机

不少心急的求职者，在面试初始阶段就打听和谈论自己的工资待遇，是不对的，因为时机不对。自己是否合格是否被聘用还不清楚，价值几何也还是一个谜，谈了若应聘不上也是白谈，还给了招聘方一个只在乎钱的不良印象。常言道，"先过秤，后付钱"，求职也一样，也是要先看应聘者的能力，再谈工资待遇。只有应聘过关了，才有资格跟用人单位谈薪酬待遇。

应聘过关后，我们在用人单位眼中的定位和身份发生了变化，不仅是他们认可了的合格人才，还是他们需要的新员工。企业等着我们上班，就会心甘情愿为我们买单，有兴趣、有诚意与我们谈条件。这个时候谈薪资待遇，对我们来说才是最佳时机，且占有一定的心理优势。因为我们是他们花费不少成本招聘得来的胜利成果，他们已经从心理上接纳了我们，不想把自己辛苦得来的成果，因为舍不得一点小利而失之交

臂，除非我们太不自量，要价过高，条件过苛，让他们无法接受或认为性价比不划算。我们要合理地提出自己的工资、奖金、社保、劳保和福利等要求，并与对方谈判。

一般来说，高开10%~30%较为合适，不可漫天要价，否则会吓退用人单位，或让用人单位觉得性价比不划算，从而把我们放弃。

对于职场新人来说，我们需要特别注意的是：

● 求职者的价值≠求职者的期望值！

● 求职者真正的价值＝求职者被用人单位或社会认可的价值！

● 就业者实际应得的酬劳＝就业者为企业创造的价值-成本-老板的利润。

要根据自己的实际工作能力和工作经验，以及现实生活成本，量力而行，有盈余即可，起步阶段则只要能保本就可，不可不顾现实漫天要价。现在的就业市场供过于求，就业竞争十分激烈，稍有不慎，"煮熟的鸭子"就可能飞了；再说，我们刚从学校毕业进入社会，实际工作能力和实际价值还未经实践检验证明。

作为新人，只要拥有学习本领的机会和未来发展的空间，在能够保证自己先生存的基础上，就算暂时薪水少一点，也可以先就业。因为通过实际工作，提高了工作能力，获得了实战经验，学到了实用技术，不仅不用交学费，还有工资收入，增加了无形资产，当然是赚了！一旦学用结合了，度过了上班试用期和人生转型期，我们就可以进入事业的快速成长期，获得较高的薪资待遇则指日可待。

一把算盘两面打，像商人那样成交

招聘企业都非常精明，他们总是一把算盘两面打，一面算计我们的价值，另一面则算计他们的成本。他们往往不一定聘用最优秀的人，通常会聘用性价比最高的人，也就是够实用且薪资要价合理的人。因此，即使面试成功了，即使你就是最优秀的，也不等于求职就稳操胜券了，因为还没有成交。在商品经济社会里，一切商品的真正价值都是以成交价来体现的，求职者自恃清高是没有用的，社会的承认，买家的认可，真金白银的成交价，才是我们作为人才在人才市场中的真实价格。

为此，我们同样需要一把算盘两面打，要明白那面有赢，这面才有赢！一面计算自己的成本和利益，一面计算企业的支出和收益，注意提高自己的性价比，让用人单位觉得划算，肯为我们埋单。

要懂得坚持与妥协，照顾到双方的利益，并想办法找到对方满意、自己也满意的利益共同点，做到双赢，才可能与用人单位成功签约。必要时，可以对自己进行"打折促销"，或"赠送试用品"，让对方感觉性价比很划算。比如遇到金融危机或经济危机，视情况"打个折"，先找到饭碗再说，总比待业要好。有时候先适当做点事情给招聘方瞧瞧，让对方看到并认可自己的本事，也是赢得正式签约的不错办法。

在现实生活中，一个人如果只知道争取自己的利益，而不知道维护和满足别人的利益，就是钻牛角尖，死路一条，没有人愿意与这样寸土不让的人打交道或合作共事的。只有懂得在适当的时候妥协，才能彼此达成共识；否则，就只有分道扬镳。因此，对于涉及到自己切身利益的重大事项，或原则性的问题，要坚守阵地，不能轻易退让；而对于一些小问题，则可以灵活进退，有舍有得，舍小求大，求同存异。具体来讲，签订劳动合同、办理劳动保险、确保人身安全等大事，坚决不要退让；而一些不涉及自己重大利益的事情，比如从一个部门调到另一个部门工作，则可以妥协退让。

防患于未然

对于即将进入职场的大学毕业生来说，依法订立、履行、变更、解除和终止劳动合同，是必须要掌握的一项职场基本技能。

如何及时妥善地签订劳动合同，是求职成功之后头等重要的大事。劳动合同是对劳资双方都具有法律约束力的协议，规定了双方的权利、责任和义务等，如果万一遇到用人单位违约的情况，我们就有保护自身权益的法律依据。

切记不要等日后伤害发生了再来想办法维权，那时已经很困难、很被动了，是下下之策。如果不想自己今后的工资待遇缩水，社保福利受损，无辜被炒鱿鱼，正当权益受到侵犯，那么，就应当防患于未然，在面试成功之后、正式上班之前，与用人单位签订劳动合同，规避今后就业中可能出现的风险，合法有据地处理可能出现的各种复杂情况，切实保护自身权益不受损害，这才是上上之策。

要根据《劳动法》、《劳动合同法》和《劳动合同法实施条例》来签订劳动合同。这三部法律在工资、福利、安全和劳动时间等方面有很多保护劳动者权益的规定。

签约时要学会与老板谈判，敢于打开情面说话，该谈的谈出来，该讲的讲清楚，丑话先说在前头，先小人，后君子。如果碍于情面，条件、要求、待遇、权利、责任、义务等不讲清楚，不约定好，那么到时候就有可能扯皮；而一旦扯皮，处于弱势地位的个体就业者吃亏的几率更大。就算事先约定好了，不及时签订具有法律效力的劳动合同，都有可能兑现不了。老板的许诺如果不敢写进合同，就证明他没有诚意，到时候就有可能变卦或打折。因此，在合同中要明确约定工作内容、工作地点、试用期、试用期工资、转正后工资、福利待遇、合同起止日期等最基本也最必须的内容。

签订劳动合同要注意自身安全与权益，比如公司应为员工投保劳动保险。保险是为保障在发生保险事故时享有保险给付，以获得经济上的帮助，与普通伤病不同，千万别以为已有劳保而不投保，损失自身的权益。

　　签约时一定要小心，要仔细阅读合同条款，不明白的地方一定要找明白人请教，千万不要草率行事。签约时要慎重，不要轻易做出承诺，或答应对方的不合理要求和苛刻条件，要注意内容是否公平合理，如果有以下条款，则要引起高度注意了：

- ●预扣薪资，即先扣若干工资，作为赔偿之预备违约金。
- ●工作未满一定天数不得领薪。
- ●服务未满预定期限要进行相应处罚。
- ●预缴工作保证金或押金。
- ●强迫劳动者放弃一切民事赔偿条款。
- ●有强迫加班或不加班就要扣钱的条款。
- ●扣押身份证、学历证等原件。

　　劳动部《关于贯彻执行〈中华人民共和国劳动法〉若干问题的意见》第24条："用人单位在与劳动者订立劳动合同时，不得以任何形式向劳动者收取定金、保证金（物）或抵押金（物），扣押被录用人员的身份证等证件。"如果遇到以上这样的不平等条款，最好别和他签订什么劳动合同了，趁早走之为妙。因为这样的单位根本没有以人为本的理念，处处只为自身着想，到这样的地方打工，今后工作起来将会麻烦不断，没有多少好日子过。

　　妥善地签订劳动合同，除了应该通读并研究《劳动法》、《劳动合同法》和《劳动合同法实施条例》外，还可以向有经验的师长或律师等内行人士请教。

合同不是保证书

　　劳动合同不是万能的，不要以为有了合同，一切就可高枕无忧了。如果签约之后，不努力工作，做不出多少业绩，薪资与实际工作能力倒挂，自身的权利很难有效地得到保障。在签订合同之后，最重要的是要

做好本职工作，尽好职责，要讲职业道德，提高自身职业素养，为公司多作贡献。只有自己成为一个德才兼备的人，老板才舍不得自己，才不得不重用自己，自身的权益才能得到最好的保障，甚至获得超值回报。

合同不是保证书，并不能保证我们的未来。未来职场的路还很长，怎么走还得靠自己去努力。关于新人第一天如何去上班、如何度过试用期、如何挺过人生转型期、如何进行办公室政治斗争、如何升职加薪、如何从优秀到卓越等职场密码，请详见作者后续作品《破译职场密码》和打工皇帝网（www.dgking.com）。

最后，送大家一句"功夫皇帝"李小龙的名言："光是知道是不够的，必须加以运用；光是希望是不够的，非去做不可。"是的，无论何时何地何事，能够做到都是一个基础；在做到的基础上做好，是我们奋斗的目标。

后记

那些永不能忘记的感谢

"唉！早知道写书这么难，当初我就不写了！不管将来结果怎么样，今天，我都要好好犒劳一下我自己！"这是我辞掉外企总经理职务，3年零收入且耗去10万元，终于完成本书时长抒的一口气！从0字到70万字，又从70万字到30万字，直到现在精简成约15万字，资质愚笨的我居然修改了上百遍，历时1100天。其间不敢问收成，只能默默地耕耘，单调、枯燥、寂寞与艰辛，已足够我再写一部长篇！

窗外，重庆秋天难得一见的太阳，今天也露出了笑脸，温暖着我的身。然而此前数年间，每一个寂寞孤独的夜晚，我只有独自生火烤热自己的心。我并非精英，且十分渺小、平凡甚至有些愚笨，走每一步都很不容易。出发时我激情万丈，到达时我已万般沧桑！没有想象中的豪迈与红地毯，只有悄悄登上彼岸时的潸然泪下……

我感谢我自己，实现了自我的救赎和证明！

我欣慰我自己，经得起黑暗的炼狱，足够坚强和坚韧！

我庆幸有平凡而伟大的父母，唐永全——我种菜的父亲，胡朝玉——我卖菜的母亲。他们呕心沥血用挣工分、做小工、卖小菜所积攒的一分一厘，将我们三兄弟培养成大学生！

我衷心地感谢我的偶像，《福布斯》富豪榜榜上有名的，著名的深

圳太太口服液的老板朱宝国董事长。朱老总,你还记得当年那个无名小卒小唐(唐秘书)吗?我不想借你的高枝炫耀自己,但是你当年的言传身教,无形中浸淫了我,让我的灵魂烙上了你的印记!请恕我这么多年来一直在实践你的思想和智慧,并试图复制你那让人景仰的人品、人格和魅力!

我永远感谢一位好书记——重庆涪陵清溪镇党委书记邹凯先生,他第一次路过我家偶然翻看这部书稿时,居然欣然无偿赞助5万元!他认为本书有助于了解民生和解决就业难题,于公于私都有益,希望我一定要完成!

感谢尊敬的张和平先生、张子愚教授、复旦大学王联合教授,还有南京理工大学的唐昌鸿、重庆交通大学的王涛、河南大学的郝继峰等同学,感谢你们对我写作的指导和建议,感谢你们像手术刀一样帮我切除本书的"毒瘤"和赘肉!

感谢我曾经的老板,尊敬的重庆市第六届台商协会会长陈一笙董事长、重庆都康置业公司张达全董事长多年来识我、聘用我和栽培我!

感谢我所有的上司:冯开东、余孝云、孟匆匆、袁铭、丁莉、李大宾、钟明煌……感谢你们曾经对我的指教和提携!

感谢我曾经的同事和朋友:何晓燕、魏微、张明娟、张云、喻刚维、冯道萍、宾黎黎、刁小波、朱福明、王飞、伍梦、谭岚心、张轶煜、谢兴帅、喻家亮、石玉莲、宾江南、唐昌友、刘自力、吴谦、文连敏、李小波……感谢你们对我的莫大帮助!

感谢石鸿旭、牟仁辉、唐昌燕、罗泉森等众多80后、90后的大学生朋友们!你们对本书的喜爱,在只写了开头就早早掏钱预购了本书,对我来讲是最大的支持和鼓励!你们的认可对我价值万金!

我要特别感谢那些"折磨"过我,并锻造了本书的北京大学出版社博雅光华有限公司和付会敏老师!是你们独到的眼光发现了本书,是你们睿智的思想雕刻了本书，是你们辛勤编辑了愚笨的我及我的作品！

最后，我要深深地感谢本书所有的读者朋友们，真诚欢迎大家到"打工皇帝网"（www.dgking.com）互动交流，对本书提出批评指正！并敬请期待我的下一本书，即本书姊妹篇《破译职场密码》！

唐仓健

2011年5月

延伸阅读

《自慢——从员工到总经理的成长笔记》

台湾经管类畅销书第一名
风靡台港澳及海外华人企业的团购图书
上班族传阅率最高的职场励志杰作

"自慢"，形容自己最拿手、最有把握、最专长的事。自己的拿手与在行，是不是比别人更好，其实不知道，但绝对是自己最自信、最有把握的事。每个大厨都有"自慢"的料理，每个职场高手都有自豪的本事。面对职场上的竞争与起落，成功的最关键之处在于态度。

本书是台湾著名出版人何飞鹏一路从员工做到老板的学习心得，他将自己的职业心态、工作方法与成长秘诀和盘托出，帮你找到最"自慢"的本事！

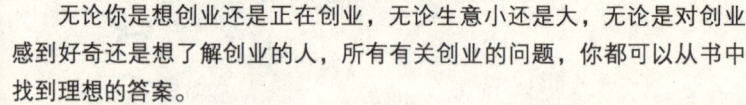

作者:何飞鹏　定价:32.00 元　ISBN: 978-7-301-14002-4

《自慢Ⅱ——以身相殉》

何飞鹏的创业私房学
华人世界最棒的创业书

打开这本书，开始奇妙的创业心智之旅。

无论你是想创业还是正在创业，无论生意小还是大，无论是对创业感到好奇还是想了解创业的人，所有有关创业的问题，你都可以从书中找到理想的答案。

本书没有空话，没有自恋，没有粉饰，是一个过来人的人生心得和创业精华。也许你的梦想很高，这本书可能是你实现梦想的第一步，也许你并不需要做一个举世皆知的人，你不过在创造属于自己的天地，这本书一定是你的良伴。

作者:何飞鹏　定价:32.00 元　ISBN: 978-7-301-05764-3

《自慢Ⅲ——顶天立地做主管》

机构和个人实现双赢的干部培训书
最精彩、最好看、最不装蒜的个人提升读本

从普通小职员升为主管，何飞鹏同样经历了角色转换所带来的艰辛、迷惘、挣扎、无所适从……作者以真诚而细腻的笔触，将这些对自己对人生的反思和感触娓娓道来，真诚、坦白、不装蒜、字字珠玑，讲述了一个优秀主管不卑不亢、坚守内心、上下共赢的成长智慧，触人心弦而又震撼人心。

无论你是部门经理，还是基层主管，你都会从字里行间看到自己的影子，细细读来，很多萦绕心头的困惑就会豁然开朗。

作者:何飞鹏　定价:32.00 元　ISBN: 978-7-301-16832-5

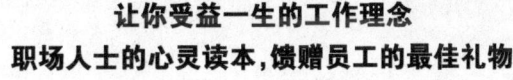